우리 아이 마침내 독서 독립

우리 아이 마침내
독서 독립

—
2018년 11월 25일 1판 1쇄 인쇄
2019년 3월 15일 1판 2쇄 발행
—
지은이 깔루아(조지희)
펴낸이 이상훈
펴낸곳 책밥
주소 03986 서울시 마포구 동교로23길 116 3층
전화 번호 070-7882-2311
팩스 번호 02-335-6702
홈페이지 www.bookisbab.co.kr
등록 2007.1.31. 제313-2007-126호
—
기획·진행 기획2팀 박미정, 김다빈
디자인 디자인허브 한정수, 김지선, 김혜진
—
ISBN 979-11-86925-59-1 (03370)
정가 15,800원
—

책밥은 (주)오렌지페이퍼의 출판 브랜드입니다.

이 도서의 국립중앙도서관 출판예정도서목록(CIP)은 서지정보유통지원시스템 홈페이지
(http://seoji.nl.go.kr)와 국가자료종합목록시스템(http://www.nl.go.kr/kolisnet)에서
이용하실 수 있습니다. (CIP제어번호 : CIP2018037964)

우리 아이 독서 독립

마침내

깔루아(조지희) 지음

책밥

들어가며

    처음 아이를 임신하면서 연구원 생활을 그만두고, 당시 일 중독이었던 내가 일 대신 할 수 있었던 것은 태교에 몰입하는 것이었다. 책 읽어주기를 비롯하여, 바느질, 뜨개질, 요가, 여행, 사진 기술 배우기 등 다양한 활동을 나와 아이를 위해 했다. 어렸을 때부터 책을 좋아하여 태교 중에서도 뱃속 아기에게 책을 읽어주는 시간이 가장 행복했다. 그래서인지 아이가 태어난 직후에는 그림책에 관심이 가기 시작했다. 백일도 안 된 아이에게 매일 그림책을 읽어주고, 이야기 CD를 들려주었다. 아무것도 모를 것 같았던 아이는 엄마 아빠의 목소리만 들어도 행복한 표정을 지었고, 점점 그림책을 좋아하는 아이로 성장했다. 이런 경험들을 나누고 싶은 마음에 아이와 읽은 책들을 블로그에 옮겨 적었고, 나와 비슷한 교육관을 가진 부모들이 블로그에 찾아오기 시작했다.

    아이와 책 읽는 활동을 하면서 조금 더 전문적으로 독서에 대한 공부를 하고 싶다는 생각이 들어서 독서 지도사 공부를 하게 되었다. 자격을 얻자마자 좋은 기회가 생겨 초등 고학년 아이들을 지도하게 되었는데, 그러면서 가장 크게 느낀 것은 독서력의 중요성이다. 공부를 잘하는 아이들은 대부분 책을 좋아하고, 책을 읽은 경험이 풍부했다. 반면에 공부에 흥미를 느끼지 못하고, 또래 집단에 비해 부족한 수준을 보이는 아이들은 책을 읽은 경험이 부족하고, 책에 대한 재미조차 느껴보지 못한 아이들이 많았다. 전자의 경우, 다음 주차까지 읽어 와야 할 책을 스스로 읽고 부모님과 책에 대한 이야기를 함께 나누거나, 처음부터 부모님과 함께 책을 읽는 경우가 많았다. 후자는 아이 스스로 읽다가 어려워서 중도에 그만두었음에도 불구하고 부모님들은 그것을 알아채지 못하거나 별다른 대안 없이 읽으라고 말만 하는 경우도 있었다. 고비만 잘 넘기면 충분히 이해할 수 있을 텐데, 책을 제대로 경험을 하지 못하는 것이 정말 안타까웠다. 두 부류 아이들의 가장 큰 차이점은 바로 책에 대한 부모의 관심이다.

내 아이뿐만 아니라 모든 아이들이 책의 유익함과 즐거움을 누렸으면 하는 마음에, 유아부터 책을 왜 읽어줘야 하는지, 어떻게 읽어주는 것이 효과적인지, 어떤 책들을 읽어줘야 하는지 내가 알고 있는 것들을 공유하고 싶었다. 자기주도학습 지도사 자격을 얻게 되면서 소소한 일상을 올리던 블로그를 '깔루아의 엄마는 교육 플래너'라는 명칭으로 바꾸어, 2012년부터 지금까지 꾸준하게 독서 지도 활동을 하고 있다. 블로그 이웃들의 요청으로 오프라인 모임을 기획하고 독서를 비롯한 과목별 학습법 강의와 컨설팅을 진행하게 되었다.

유아 시절은 중요하다. 평생의 독서 습관을 좌우할 뿐 아니라 엄마가 아무리 노력해도 줄 수 없는 경험을 무한대로 줄 수 있기 때문이다. 우리 아이의 지적 성장은 이렇게 축적된 경험과 함께한다. 아이가 그림책 한 권 제대로 읽어본 경험이 없다면 처음부터 소설책을 읽어나갈 수 없고, 하루아침에 고전과 같은 책을 읽을 수도 없다. 책을 마음껏 읽어주고, 마음껏 읽게 하는 유일한 시기가 바로 유아기가 아닐까? 책에 대한 부모의 작은 관심이 내 아이의 미래를 변화시킬 수 있다고 믿는다. 더 나아가 책 읽는 환경을 적절히 제공해주고, 매일 꾸준히 아이와 함께 책 읽는 시간을 갖는다면, 아이들은 책과 자연스럽게 가까워질 것이다.

이 책을 쓰는 와중에도 우리 집의 독서는 현재 진행형이다. 첫째는 읽기 독립이 완전히 되었지만 내가 더 아쉬워 책을 읽어주고 있고, 둘째는 말놀이에 한창 재미를 붙여 그에 맞는 책 읽기를 하고 있다. 독서 방법과 활용에 대한 글을 쓸 때에는 우리 아이들과 관련 활동을 빨리 해보고 싶은 생각이 들었다. 그만큼 책에 대한 관심을 갖는 것이 필요하다.

아무리 바쁘더라도 매일 밥을 먹는 것처럼 매일 한 권이라도 책을 읽어주는 부모가 되길 바란다. 재미있는 독후활동을 항상 준비할 필요는 없으며, 아이에겐 그저 부모와 함께 책 읽는 시간이면 된다. 독서 교육에 대한 고민이 있거든, 지금 당장 눈앞의 책 한 권을 아이에게 읽어주자.

그동안은 강의를 수강한 분들에 한하여 유아의 독서 방법에 대해 알려 왔지만, 출판을 계기로 유아 독서에 대한 경험과 지식이 필요한 모든 분들과 공유할 수 있게 되어 감사하게 생각한다.

이 책을 쓰기까지 묵묵히 두 딸을 보살펴 준 남편, 엄마를 응원하는 마음으로 기다려주었던 고마운 딸, 다영, 서우, 그리고 가족들과 친구들, 이 책이 나올 수 있도록 지지해준 블로그 이웃님들과 수강생분들, 책밥 관계자분들께 감사의 마음을 전하고 싶다.

깔루아 조지희

차례

- 1장 -
책 읽어 주는 부모

- 2장 -
책과 함께 크는 아이

- 3장 -
유아를 위한 독서 로드맵

- **4장** -

유아 독서 지도 방법과 독후 활동

- 5장 -

효과적인 한글 교육 방법과 읽기 독립

책 읽어 주는
부모

독서는 유행이 아니다

독서에 관심이 많은 부모들은 아이에게 하루에 몇 권의 책을 읽어 주었는지, 아이 스스로는 몇 권의 책을 보았는지 중요하게 여긴다. 무슨 책을 어떻게 보았는지보다 독서의 양을 우선적으로 생각한다. 양보다 질이 중요하다는 것쯤은 누구나 알고 있지만 일단 양부터 챙기고 본다. 내 아이와 비슷한 또래들이 어떤 종류의 책을 얼마나 읽었는지도 궁금해한다. 그래서 내 아이의 연령과 맞추어 'O세 책 읽기, O세 추천 도서'라는 키워드로 인터넷 검색을 하기도 한다. 마치 유행처럼 3세에 주로 읽는 도서가 있다면, 내 아이도 함께 읽어야 한다는 생각을 하는 것 같다. 나이는 같지만, 내 아이보다 발달이 빠른 아이가 수준 높은 책을 읽는다고 할 때 부모들은 고민한다.

'옆집 아이는 어려운 책도 잘 읽는데, 이러다가 우리 아이가 뒤처지는 것은 아닐까?'

'우리 아이도 수준 높은 책을 읽어 주면 언어 발달에 도움이 되지 않을까?'

'독서도 선행이 필요한 건 아닐까?'

이런 생각들로 불안해하기도 한다.

몇 년 전부터 '책 육아'라는 말이 유행처럼 번지기 시작했다. 흔히 사교육 없이 책을 교육과 육아의 매개체로 이용하는 것을 일컫는다. 책으로 아이를 키운다는 것은 왠지 현명한 부모인 것 같기도 하고, 철학적으로 보이기까지 한다. 더구나 사교육 없이 아이를 잘 키울 수 있다고 하니, 부모 입장에선 솔깃할 수밖에 없다. 나 역시 두 딸을 육아하는 데 8할을 차지할 정도로 책의 역할이 컸다.

부모가 책을 많이 읽어주는 시기는 아이가 만 2~4세가 되면서부터다. 이 시기의 부모는 아이의 언어 능력이 폭발적으로 성장하고 있다는 것을 직접 경험하게 된다. 이 시기에는 아이와 놀아주면서 잘 살펴봐야 한다. 내 아이의 관심사에 대해서 연구하고 감성은 물론, 지성도 함께 키워줘야 한다.

아이를 성공적으로 키워낸 부모들의 수기를 보면, 어릴 때부터 책 읽기를 우선적으로 했다는 내용이 많다. 마치 수능 만점자가 교과서를 우선으로 공부했다고 말하는 것처럼 말이다. 이 진부한 수기를 바탕으로, 유아를 위한 책 읽기는 엄마표를 앞세워 사교육을 대체할 수 있는 교육으로 유행처럼 번지고 번졌다. 책을 중심으로 아이들을 키워 특목고나 명문대에 진학하기를 바라는 부모들도 적지 않다. 처음에는 순수하게 책을 좋아하는 아이로 컸으면 좋겠다는 마음으로 책 육아를 시작했지만, 시간이 지날수록 가성비를 따지게 된다. 책을 이만큼 읽어주었으면 스스로 책도 보고, 아는 것도 많아야 하는

데, 눈에 띌 만한 변화가 보이지 않으니 답답해하기도 한다.

그래서일까? 아이가 성장하면서 책 읽기만으로는 교육이 쉽지 않다고 실감하는 부모들은 자연스럽게 학업과 관련된 전문 교육으로 눈을 돌린다. 처음에는 눈에 보이는 결과들이 있으니 만족스러워 하지만, 다양한 사고력 문제를 접하면서 이해력이 부족한 아이를 발견하고 그제야 아이가 독서와 멀어졌다는 것을 깨닫게 된다. 사고력 향상에는 고전 읽기와 같은 인문 독서가 도움이 된다는 트렌드를 접하고 나서야 다시 독서를 챙기기 시작한다.

독서는 유행이 아니다. 한 번 반짝했다가 마는 것이 아니라 꾸준하게 지속적으로 하는 것이 중요하다. 한 달 동안 100권의 그림책을 몰아서 읽어주고 나서 시들해지는 것보다는 매일 한 권이라도 꾸준히 읽어주는 것이 아이에게 도움이 된다. '남들이 책을 많이 읽어준다고 하니, 나도 해야지.'가 아니라, '남들은 왜 아이에게 책을 읽어주는 것일까?'를 고민해 봐야 한다. 고전 읽기, 미디어 독서 등 유행하는 독서 방법이 있다면, 내 아이에게 적용하기 전에 우선 비판적으로 생각하고 그 다음에 수용하기를 권한다. 물론 이 책에 나오는 내용들도 마찬가지다. 간단한 예를 들어보자. 고전을 원전으로 아이에게 읽어주는 것이 효과적이라고 하여, 내 아이도 그 효과를 볼지는 미지수다. 아이가 어렵거나 힘들어하는데도 억지로 끌고 가면 좋지 못한 결과를 얻을 수 있다. 내 아이에 맞는 독서법을 찾기 위해서는 전문가들이 추천하는 방법을 참고하되, 가장 우선적으로 아이가 즐거워하는지 생각해야 한다.

유아독서, 왜 필요한가

유아 독서는 어떤 가치가 있나요?

유아교육학자 조지 스테판 모리슨^{George Stephen Morrison}이 1980년에 규정*한 바로 유아 교육 대상은 0~8세로 적용하는 것이 일반적이지만, 아이가 유치원을 다니기 시작하는 시점부터 교육에 관심을 갖는 경우도 있다. 유치원 입학 전에 할 수 있는 교육 중 유아 독서가 어떤 의미와 가치가 있는지 알아보자.

그림책을 통한 즐거운 경험

아이들이 스스로 책을 꺼내서 보는 경우는 많지 않다. 장난감이나 인터넷, TV 등 책보다 재미있는 환경이 많기 때문에 책은 재미없는 도구로 여겨지기 쉽다. 아직 글을 모르는 유아가 스스로 책을 펼쳐

---

* George Stephen Morrison, 『Early Childhood Education Today(13th Edition)』, (Pearson, 2014)

보더라도 아직은 책을 좋아하기보다는 그림만 보는 경우가 많다.

유아들은 직접 참여하지 않고, 바라만 보는 수동적인 놀이보다는 스스로 참여할 수 있는 능동적인 놀이를 즐거워한다. 그림책은 부모가 아이에게 읽어주기 때문에 수동적이라고 생각하는 사람들이 많지만 사실은 그렇지 않다. 이야기를 듣고, 그림을 보고, 생각을 하는 과정은 시각과 청각으로 들어오는 정보를 이성과 감성으로 이해하는 복잡한 처리를 하게 된다. 따라서 유아가 책을 본다는 것은 두뇌가 능동적으로 활발하게 참여하고 있다는 것이다.

남들이 다들 책을 읽어준다고 해서 의무감으로 읽어주면 부모와 아이가 서로 즐거운 경험을 함께 하기 어렵다. 책을 재미있는 놀이라고 생각하고 아이에게 읽어주어야 아이도 그 마음을 전달받아 더 깊이 이야기 속으로 빠져들게 된다. 그리고 그림책을 보면서 즐겁다는 생각을 자연스럽게 하게 된다. 유아는 책 읽어주는 부모의 표정과 목소리, 그림과 마음을 통해서 충분히 즐거운 경험을 할 수 있다.

정서의 안정과 긍정적인 인성

유아에게 책을 읽어줄 때, 부모의 자세를 떠올려보자. 선생님처럼 책상에 마주 보고 앉아 읽어주는 경우는 많지 않다. 나도 그렇지만, 보통 부모들은 무릎 위에 아이를 앉혀놓고 양팔로 내 아이를 감싸안으며 책을 들고 있는 자세로 읽어줄 것이다.

"엄마, 책 읽어주세요"라고 말하는 아이들 심리 안에는 "난 책 내용이 너무 궁금해요. 알려주세요"라는 의미보다는 "난 지금 엄마 품이 필요해요. 엄마와 함께 있고 싶어요"라는 의미가 더 클 것이다. 책을 읽어주면 또 읽어달라고 하는 것도 같은 맥락이라고 볼 수 있다. "아빠 놀아주세요"라고 말하는 것보다 "아빠 책 읽어주세요"라고 말하는 것이 아빠와 함께 있을 수 있는 확률이 높다는 것쯤은 경험으로 아는 것이다. 책을 통하여 아이의 정서적 안정은 물론 부모와 자녀 간의 유대 관계를 돈독히 할 수 있다.

두 아이를 키우다 보면 다양한 또래 친구들을 만날 기회가 있다. 유아부터 초등학생까지 골고루 보니, 타고난 성격이나 부모에게 교육 받은 성품도 있겠지만 대체적으로 책을 많이 읽은 아이들 중에 인성이 좋은 아이들이 많은 편이었다. 상대방 입장에서 헤아리며 또래보다 성숙한 생각을 하기 때문에 친구를 배려하는 일이 많다.

왜 책을 보는 아이들의 인성이 좋은 걸까? 아이들은 책을 볼 때 단순히 줄거리만 파악하는 것이 아니라 주인공이 왜 그랬는지, 그 상황에 대해 이해하는 힘이 생긴다. 다양한 등장인물을 통해 쌓아온 이해력은 타인에 대한 이해심으로 이어져 긍정적인 인성을 형성한다.

감상을 통해 길러지는 상상력의 힘

유아 교육에 놓쳐서는 안 될 부분이 바로 상상하는 힘이다. 상상력에 논리가 더해지면 사고력이 된다. 그림책 읽기는 수학 문제를 푸는 것처럼 정답이 정해져 있는 것은 아니기 때문에 책을 보면서 나만의 생각을 마음껏 떠올리고, 표현하면 된다. 유아기에는 발산적 사고를 하는 시기라, 이때 다양한 그림을 보는 것이 새로운 생각을 떠올리는 데에 좋은 자극이 된다. 그림은 글을 모르는 나의 생각을 구체화할 수 있는 수단이 된다. 아이에게 그림책의 그림부터 감상하게 하자. 다양한 그림을 접할수록 표현하는 방법도 다양해진다. 아이가 한글을 깨치지 못하여 글을 읽을 수 없을 때에는 그림을 보면서 스스로 이야기를 지어내면서 읽도록 권장하는 것도 좋은 방법이다. 아이가 지어낸 이야기의 내용과 책의 내용이 꼭 일치해야 할 필요는 없다. 한글을 읽을 수 있게 된 후에는 문장을 읽고 생각나는 장면을 그림을 그리듯이 머릿속으로 상상하며 읽으면 된다.

언어·인지 능력 발달

부모가 아이에게 매일 하는 말은 일상생활에서 쓰이는 "밥 먹자." "이제 잘 시간이야." "물 마실래?" 등의 간단한 문장들이 대부분이다. 부모가 아무리 설명을 잘 해주고, 생각할 수 있는 질문을 한다고 하더라도 그 한계는 있기 마련이다. 부모들 중에는 아이에게 어떤 말을 해야 할지 잘 모르겠다는 경우도 있고, 아이에게 설명하는 것을 귀찮아하는 경우도 있다. 평소 말이 없는 편이라면 아이에게 말로 무언가를 설명하기란 더 어려운 일일 수 있다. 하지만 책을 읽어주게 되면 부모가 애쓰며 생각하지 않아도 이야기를 전달하기 쉽다. 예를 들어 아이가 물이 어디에서 오는지 물어봤을 때, 정확한 정보도 부족하고 아이 눈높이에 맞추어 설명하기 어렵다면, 물의 순환에 대한 내용이 나오는 책을 읽어주는 것이 도움이 된다. 책에서 나오는 정보는 객관성이 있으며, '글'은 말보다 어법이나 어휘를 선별하는 작업을 거치기 때문에 좀 더 매끄럽고 고급스러운 문체를 알려줄 수 있다.

책을 왜 읽어줘야 할까요?

왜 아이에게 책을 읽어줘야 하는지 잘 모르겠다면, 반대로 책을 읽어주지 않았을 때 어떤 일이 일어날지 생각해보면 된다. 책을 읽어주지 않았다고 해서 아이가 잘못되진 않는다. 그렇다고 내 아이가 스스로 읽을 때까지 마냥 기다리다 보면, 언어 발달에 도움이 되는 결정적 시기를 놓쳐 아이의 잠재성 발현에 아쉬움이 남을 수 있을 수 있다.

부모가 책을 읽어주면 크게 '정서와 학습' 두 마리 토끼를 잡을 수 있다. 5세 이전 아이들에게는 정서면에서 더 높은 효과를 기대할 수 있고, 5세 이후는 학습면에서 도움을 받을 수 있다. 여기에서 말하는 정서는 인성적인 부분이 포함되어 있으며, 학습은 단순히 지식에 국한된 것이 아니라 듣기에서 쓰기까지 일련의 언어 능력에 대한 것이다.

정서적 효과

책은 자녀와의 애착 형성에도 도움을 줄 수 있다. 책을 통해 아이에게 지식을 가르치려는 목적도 있지만, 시간을 함께 보내는 것에도 의미가 있다. 책을 읽어주면 평소와 사뭇 다른 모습이 연출된다. 같은 장소에서 다른 곳을 바라봤던 부모와 아이가 한곳을 바라보는 경험을 하게 된다. 아이는 부모의 품 안에서 다정한 목소리를 들으며, 자신이 사랑받는 존재라고 느낄 것이다.

책은 대화의 소재가 되기도 한다. 아이와 할 말이 없거나, 이야기를 많이 해주고 싶어도 무슨 말을 해야 할지 잘 모르겠다는 부모들이 간혹 있는데, 아이와 놀이터에서 놀다가 우연히 민들레꽃을 발견했을 때를 예로 들어보자.

부모들은 인지를 중심으로 설명하는 경우가 많아서 "민우야, 저기 노란 꽃 보이니? 저 꽃은 민들레라고 해." 정도로 말한다. 놀다가 집에 돌아오면, "이제는 씻고 밥 먹고…." 집에서 해야 할 일들에 대한 대화가 오고 가곤 한다. 새로운 언어 자극은 별로 없는 셈이다.

만약, 집에 와서 자연관찰책을 펼쳐놓고 놀이터에서 본 꽃에 대해서 이야기를 한다면 어떨까? '민들레'라는 제목의 자연관찰책을 보고 있다고 가정해보자. "민우야, 우리 놀이터에서 노란 꽃 본 것 기억나? 민들레라고 했는데, 책에 나온 꽃이랑 똑같네"라고 말하면서 아이와 함께 책을 보며 대화를 이어나갈 수 있다. "와! 이렇게 민들레 씨를 입으로 불어서 날아가게 할 수도 있어. 엄마도 어렸을 때, 친구들과 많이 해봤는데, 정말 재미있었어. 우리도 다음에 민들레 씨를 날려보자." 책 제목만으로도 아이와 많은 이야기를 나눌 수 있게 될 것이다.

학습적 효과

아이들은 우리보다 글쓰기 능력이 중시되는 사회에 살게 될 것이다. 초등학교만 하더라도, 객관식 문제보다는 문장제 문제가 늘고 있으며, 평가도 점점 서술형으로 바뀌고 있다. 또한 자신의 역량을 전달할 때 말보다는 글로 표현하는 경우가 더 늘고 있다.

국어에서 문체는 구어체와 문어체로 나눌 수 있는데, "오늘 유치원에서 누구랑 놀았어?"와 같이 평소 아이와 하는 대화들은 구어체에 속한다. "오늘 유치원에서 누구와 함께 놀았니?"라는 표현은 글로 표현되는 문어체다. 유아는 글보다는 말로 언어를 접하다 보니, 문어체보다는 구어체에 익숙해진다.

유아에게 책을 읽어주면 자연스럽게 문어체를 접하게 할 수 있고, 유아는 말과 글이 상황에 따라 다르게 쓰인다는 것을 자연스럽게 배울 수 있게 된다. 글을 쓸 수 있는 나이가 되어 아이가 독서 기록장이나 일기 쓴 것을 보면, 책을 많이 읽은 아이들은 그렇지 않은 아이들에 비해 문어체로 적절히 표현하는 것을 볼 수 있다. 특히 설명이나 설득을 목적으로 하는 글은 문어체로 쓰는 것이 논리적이므로 글에 힘을 실을 수 있다.

> **구어체와 문어체 비교**
> 집에 들어오자마자 엄마가 손을 씻으라고 했다.
> ➡ 집에 들어오자마자 엄마가 말씀하셨다. "미래야! 손 씻으렴."

글을 막 읽게 된 아이들은 글자를 읽는 데에 온갖 힘을 기울인다. 그림책인데도 불구하고 이야기를 파악하기 위해 글자 하나하나 읽는 것에 초점을 맞춘다. 그러다 보면 글은 읽었지만, 이해가 가지 않는 상황이 생긴다. 부모가 책을 읽어주면 상황은 달라진다. 아이들은 이야기를 들으면서 그림을 살펴보게 된다. 읽어주는 이야기가 무슨 말인지 이해가 잘 되지 않더라도, 그림을 보면서 내용을 유추할 수 있다. 이해하기 위해 부모의 목소리와 그림에 집중하다 보면, 아이들은 자기도 모르는 사이에 문장과 그림을 연결하는 활동을 한다. 이를 통해 듣기와 이해 능력을 높일 수 있으며, 스스로 책을 읽었을 때와 달리 세부 내용까지 기억할 수 있다는 장점이 있다. 들으면서 자신의 생각에 질문할 여유가 있어서 사고력 발달에도 큰 도움이 된다.

책 읽어주는 부모의 역할

책 읽어주는 부모가 되자

'아빠 육아', '아빠 독서'라는 말들이 새롭게 느껴지지 않을 만큼 아빠들의 육아 참여도는 높아졌지만, 여전히 아빠보다는 엄마가 책을 더 많이 읽어주는 가정이 대부분이다. 맞벌이라도 상황은 크게 달라지지 않는다. 유아기에는 엄마가 교육에 관심도 많고, 함께 보내는 시간도 상대적으로 많기 때문이다.

그런데 최근 1년 동안 아빠들이 변하고 있다. 블로그에 질문하는 아빠가 늘고 있고, 바쁜 아내를 대신하여 강의를 수강하는 아빠도 많다. 아빠들은 아이에게 질문하는 방법에 대해 많이 묻는다.

"아이에게 책을 읽어줄 때, 이야기를 끝까지 다 읽고 나서 질문을 해야 할까요? 아니면 이야기 중간마다 질문을 해야 할까요?"

여기에서 우리가 알 수 있는 것은 아빠들은 생각 속에 '질문'이라는 키워드를 갖고 있다는 것이다. 그럼 엄마들이 가장 많이 하는 질문은 무엇일까?

"책을 읽어줄 때, 아이가 잘 모르는 내용은 설명해줘야 할까요? 아니면 몰라도 이야기를 계속 읽어줄까요?"

엄마들은 아이에게 정보를 주고 싶어 하는 경향이 크다. 많이 알면 책을 더 잘 이해할 수 있게 되니, 모르는 내용은 알려주고 싶은 마음이 드는 것이 당연하다. 엄마들은 '설명'이라는 키워드를 중요하게 생각한다는 것을 알 수 있다.

다음은 그림책의 한 장면이다. 이 장면을 보면서 부모들은 어떤 질문을 하게 될까? 같은 장면에서 엄마와 아빠가 아이에게 한 질문이다.

『사과가 쿵!』 다다 히로시 저

아빠의 질문 "동물 친구들이 왜 사과 밑으로 모여 있을까?

엄마의 질문 "사과 밑에 어떤 동물들이 있지? 동물이 모두 몇 마리일까?"

꼭 부모라서가 아니더라도 사람마다 중요하게 생각하는 관점이 다르다. 엄마가 아빠가 무조건 위와 같은 사고를 하는 것은 아니지만, 다년간 많은 부모들을 만나면서 얻은 결론은 대체적으로 위와 같은 질문을 한다는 것이다.

책을 읽으며 떠오른 궁금증을 주로 묻는 아빠의 질문은 아이가 문제 해결을 위한 논리적 사고를 할 수 있도록 도움을 준다. 반면 아빠보다 학구적인 엄마의 질문은 아이가 책의 전체적인 내용을 파악하고, 배경지식을 쌓는 데 도움을 준다.

똑같은 책 한 권을 읽어주더라도 엄마가 한 번, 아빠가 한 번 돌아가면서 책을 읽어주자. 사고력과 배경지식을 한 번에 얻을 수 있는 이점이 있다. 단, 부모는 아이가 질문에 어떤 답을 하더라도 정답을 강요하거나 평가하지 않는 태도를 가져야 한다. 아이가 자신의 생각이나 느낌을 표현할 때에는 "좋은 생각이구나, 멋진 표현이야"라는 긍정적인 피드백도 잊지 말자.

자녀의 성별에 따라
효과적인 독서법이 달라요

　두 딸을 키우면서 가장 많이 들었던 말은 "딸이라서 책도 잘 읽고 좋겠어요"라는 말이다. 딸이라서 책을 잘 읽고, 좋아하는 것일까? 대부분의 아들은 책을 싫어할까? 상대적으로 여아들이 앉아서 하는 활동이 많고, 남아들이 바깥 활동이 더 많다 보니 그렇게 생각할 수는 있겠지만, 여아가 남아보다 책을 좋아할 것이라는 독서 편견은 버려야 한다.

　놀이터에서 신나게 놀고 들어온 아들에게 책을 읽어주자 재미없다고 책을 덮어버렸다고 가정해보자. 이때, '아들이니까 그럴 수도 있지'라는 생각으로 합리화를 하고 책을 읽어주지 않는다면 아이는 책 읽는 재미를 모르는 채 유아기를 보낼 수도 있다. 아들이라서가 아니라 지금은 책을 읽고 싶지 않거나, 재미없는 책이라서 보기 싫었을 수도 있다.

　재미있는 책을 접해보지 않은 아이들은 있어도 책 읽기를 싫어하는 아이는 없지 않을까? 부모가 책을 읽어준다고 해도 아이들이 싫어할 때는 몇 가지 공통점이 있다. 아이가 이야기를 들어본 경험이 부족하거나 부모가 고른 책이 아이의 정서적 수준에 맞지 않고 흥미 없는 주제일 경우다. 그렇다면 어떻게 접근해야 조금 더 책 읽기에 관심을 갖게 될까? 자녀 성별에 따라 부모의 역할에 맞추어 책을 읽어주는 방법을 다음과 같이 권하고 싶다.

	엄마	아빠
아들	• 유머, 재치 있는 그림책 • 바른 인성을 심어줄 수 있는 생활동화, 철학동화 읽어주기 • 공부와 독서를 여성과 연관 짓지 않도록 다양한 신체활동 필요	• 독서하는 모습 보여주기 • 역사, 정치, 경제 분야의 미디어 활용 • 수학, 과학 동화는 경험적인 이야기 중요
딸	• 창작 외의 경제, 정치, 과학, 예술 등 다양한 분야로의 접근 • 뉴스, 신문을 함께 보는 시사적인 경험 중요	• 아빠의 전공이나 직업과 관련 있는 책 읽어주기 • 바른 가치관 형성을 위한 철학동화 • 재미있는 옛날이야기. 예술 경험

아들은 책 읽기를 싫어한다?

상담을 하다 보면 아들 키우는 엄마들이 말할 때 미간부터 찌푸리는 경우가 많다. 그만큼 고민이 많고 딸보다 키우기 힘들다는 이야기를 한다. 딸이었던 엄마가 아들을 이해하기는 쉽지 않겠지만, 그럴 때마다 아무 생각 없이 활짝 웃어보라고 권한다. 남녀노소를 불구하고 누구나 재미있는 것을 좋아한다. 특히 아들에게서 재미란, 어떤 활동을 하던지 가장 강력한 동기가 되기도 한다. 책도 마찬가지다. 책의 내용이 어려워도 재미만 있다면 즐겁게 보는 반면에 쉬운 글이라도 아이의 관심사를 벗어나거나 재미가 없으면 잘 보지 않게 된다. 엄마는 아들의 관심사에 맞추어 생활동화와 같이 정서적으로 도움을 주면서 유머와 재치가 있는 책들을 보여주면 도움이 된다. 이때, 교훈을 목적으로 책을 읽어주는 것이 아니라 책의 재미에 빠지게 하는 것이 포인트다. 이야기 소재에 따라 우스꽝스러운 표정이나 재미있는 목소리를 흉내 내보는 것도 좋은 방법이다. 아들 앞에서 가끔은 코미디언이 되어보자.

만 4세 무렵은 성 역할을 구분하는 시기이기도 해서, 아들은 앉아서 하는 놀이나 그림책 읽기, 인형 놀이를 여자가 하는 것이라고 생각하기도 한다. 여성과 앉아서 하는 학습을 연관 짓지 않도록 이 시기의 남아를 둔 엄마는 아이와 활동적인 놀이를 적극적으로 함께할 것을 추천한다. 대부분 아빠는 아들과 함께 밖에서 공놀이를 하고, 엄마는 블록놀이나 책 읽어주기를 주로 하지만 서로 역할을 바꾸어 보자.

아들의 롤 모델은 대부분 아빠이기 때문에 아이의 모방 심리를 이용하는 것도 좋다. 아이들이 소꿉놀이하는 모습을 보면 평소 아빠의 모습이 고스란히 드러난다. 아빠 역할을 맡은 아이들은 소파에 누워서 TV나 스마트폰을 보는 모습을 보이곤 한다. 아빠는 아들 앞에서 무심코 하는 습관적인 행동을 점검할 필요가 있다. 지금은 아이들이 부모를 보고 따라하는 시기다. 조금 귀찮고 힘들더라도 아들을 위해 노력해보자. 관심사에 대한 잡지나 신문도 좋으니, 글을 읽는 모습을 보여주는 것이 아이의 책 읽는 습관 기르는 데에 도움이 된다. 아이가 역사나 사회 분야의 책을 좋아한다면, 체험은 물론이고 아빠와 함께 EBS 역사 프로그램이나 다큐멘터리를 보는 것도 좋다.

요즘은 수학·과학을 유아부터 시작하는 경우가 많다. 무작정 학습지를 주거나 학원에 보낼 것이 아니다. 아빠가 공부하거나 활동했던 경험을 나누는 활동은 아이에게 동기를 유발한다는 점에서 의미가 있다. 특히, 어렸을 때 관심 있었던 놀이를 가르쳐주어 함께해보는 것을 권장한다. 집에서 보드게임을 해도 좋지만, 구슬치기나 땅따먹기 같은 전통 놀이도 좋다. 아빠의 추억과 아빠가 살았던 시절에 대한 이야기는 역사로 이어질 수 있다. 수학이나 과학 분야의 책을 보거나 학습으로 이어질 때, 아빠가 공부했던 경험 중 어려웠던 분야를 극복했던 일을 이야기해주면 아이가 스스로 동기 부여할 수 있다.

딸에게 논리적 사고를 키워주려면

딸에게 엄마란 어떤 존재일까? 흔히 딸은 엄마의 등을 보고 자란다는 말이 있다. 엄마처럼 살고 싶지 않다는 딸이지만, 나중에 살다 보면 어느새 엄마의 모습을 많이 닮아 있는 자신의 모습을 발견하게 된다. 여자 아이에게 나중에 커서 뭐가 되고 싶냐 물으면 '엄마'라고 대답하는 아이들이 많은 것처럼 엄마는 딸에게 중요한 존재임은 분명하다. 롤 모델이 된다면 더할 나위 없이 좋을 것 같다.

여아들은 남아에 비해서 지식동화보다는 창작동화를 더 선호하는 경향이 있다. 마치 엄마가 뉴스보다는 드라마를 좋아하는 것과 비슷하게 이야기에 관심이 많은 편이다. '장영실'이라는 드라마를 본다고 할 때, 역사적 지식이 있는 상태에서 보는 것과 시대적 배경조차 모르고 보는 것에는 전개에 따른 흐름의 몰입도와 이해의 차이를 낳는다. 창작 동화도 마찬가지다. 배경지식이 있다면 조금 더 쉽게 글을 이해할 수 있다. 지식 장르를 좋아하지 않는 여아에게는 다양한 분야를 접하게 해주어야 한다. 사회, 과학, 예술이 가장 대표적인 장르이다. 유아에게는 다소 어려울 수 있지만, 사회적 이슈가 되고 있는 것은 이야기해주고, 자극적인 내용이 아니라면 신문이나 뉴스를 함께 경험해보자.

깔루아의 한마디

예전에 TV 경제 프로그램에서 물가 상승에 대한 내용이 나와 수요와 공급의 관계에 대해 아이에게 이야기해준 적이 있다. 경제동화를 보다가 수요와 공급 이야기가 나오니, 엄마가 해준 얘기가 여기에 나온다며 딸이 관심 있게 보았다. 이렇게 작은 지식을 쌓는 경험들은 아이가 커서 깊이 있는 책을 읽을 때에 밑거름이 될 수 있다.

'딸바보'라고 불리는 아빠가 많은 요즘이다. 오히려 엄마보다 딸과 더 친하게 지내는 아빠들이 늘고 있다. 아빠는 딸에게 바른 가치관을 심어줄 수 있는 멘토가 될 수 있다. 제3의 눈으로 바라보는 시각을 아빠를 통해 배우면 좋다. 이때 도움이 되는 책은 정답이 정해져 있지 않은 철학 동화나 현자의 이야기가 담긴 탈무드와 교훈을 줄 수 있는 이솝우화 같은 책들을 함께 읽으면 효과적이다.

딸이 생각하는 아빠는 어떠한가? 아빠는 항상 일하러 나가는데, 도대체 무슨 일을 하는지 아이들이 알 리가 없다. 예나 지금이나 아빠는 일하는 사람으로 아는 경우가 많다. 기회가 된다면 아빠의 일터에 방문하거나 아빠의 전공이나 직업과 관련된 동화를 읽어준다면, 서로 친밀감을 쌓고 딸은 아빠에 대한 존경심을 갖게 된다. 아빠는 자신의 전문 분야이기 때문에 자세한 설명을 해줄 수 있고, 딸도 관심을 가지고 이야기를 들을 수 있다.

내 남편은 반도체 분야에서 일하다 보니, 관련 내용이 과학책에 등장하면 조금 더 생생하고 재미있게 이야기해주곤 한다. 첫째가 과학 수업 시간에 도체와 부도체, 반도체에 대한 내용으로 실험을 한 적이 있는데, 이때 아빠가 해준 이야기와 함께 봤던 책들이 생각나서 이해하기 어렵지 않았다고 한다. 그리고 친구들 앞에서도 자신 있게 반도체에 대해도 설명할 수 있어서 뿌듯했던 기분을 느꼈다고 한다.

딸은 아빠와 함께 음악, 미술, 체육 등을 경험할 시간을 주는 것도 필요하다. 세계의 건축물이나 동서양 미술사 등 관련 책을 함께 보고 여행을 가거나 전시를 관람해보자. 아빠는 딸과 함께 추억을 쌓을 수 있는 좋은 기회가 되고, 딸은 인문학적인 경험을 통해 세상을 새롭게 바라보는 시선을 갖게 된다. 아이와 서로 다른 관점에서 사물을 보고 이야기를 나누는 경험은 아이가 논리적인 사고를 할 수 있도록 도움을 준다.

어떤 책을 언제까지 읽어줘야 할까요?

 언어는 듣기, 말하기, 읽기, 쓰기 순서로 습득하게 되는데 아이가 말문이 트이기 시작하기 전 시기에는 듣는 활동에 집중하게 된다. 아이가 엄마라고 말하고, 엄마라고 단어를 읽기 전에 '엄마'라는 말을 수천 번 들었듯이, 듣기 능력은 읽기 능력보다 앞선다고 볼 수 있다. 짐 트렐리즈Jim Trelease의 『하루 15분 책 읽어주기의 힘』에서는 듣기와 읽기 수준은 중학교(미국 기준) 2학년 무렵에 같아진다고 제시되어 있다. 이는 연령에 따라 발달단계를 나누어 놓은 피아제의 인지발달 이론과 사회 작용의 중요성을 강조한 비고츠키 이론과 연관 지어 설명이 가능하다.

 피아제의 인지발달 단계는 연령별로 구분되어 있다. 형식적 조작기인 11세 이후에는 추상적 사고, 즉 눈에 보이지 않는 일이나 대상에 대해 사고할 수 있는 힘이 생긴다. 실제로 경험하지 않았던 분야에서도 논리적 계획이 가능한 시기다. 이때부터 아이 스스로 책을 이해하면서 읽는 것이 가능하다. 7~11세의 구체적 조작기에는 눈에

발달 단계	연령	내용
감각 운동기	0~2세	감각운동 조절로 인지 능력 발달, 대상 영속성
전조작기	2~구세	상징적, 자기중심적, 물활론적 사고
구체적 조작기	구~11세	구체적으로 눈에 보이는 대상에 대한 사고
형식적 조작기	11세~ 성인	가설을 설정하고 검증하는 논리적 사고

피아제의 인지발달단계

보이는 대상이나 현상으로 논리적으로 사고할 수 있어 이때에는 직접적으로 경험을 해보는 것이 책을 읽는 것보다 좋은 효과를 발휘할 수 있다. 그렇다면, 적어도 구체적 조작기 시기까지는 부모가 책을 읽어주는 것이 아이의 사고를 발달시키는 데에 도움이 될 것이다.

피아제 이론에서는 사회적 영향이 배제되어 있기 때문에 책을 읽어주는 활동은 비고츠키 이론으로 접근해보는 것도 도움이 된다. 비고츠키 이론에서는 혼자서 해결할 수 없는 문제들을 사회적 환경의 도움을 받았을 때, 해결이 가능한 문제의 범위를 근접 발달 영역Zone of Proximal Development이라고 칭했다. 이는 아이가 높은 곳을 올라갈 때, 혼자서는 잘 못 올라가지만 발판이 있다거나, 누군가 도와준다면 쉽게 올라갈 수 있게 되는 것에 비유할 수 있다. 책도 마찬가지다. 아이가 책의 그림을 보거나 스스로 읽을 때, 이해되지 않는 어려운 부분을 부모가 읽어준다면 근접 발달 영역이 확대되어 아이가 책을 이해하는 범위가 커진다. 아이가 글을 읽고 논리적으로 사고하는 수준이 될 때까지는 부모가 발판이 되어 아이에게 스스로 생각하는 힘을 길러주어야 한다.

비고츠키 이론의 활용

부모의 책 읽어주기 활동으로 근접발달 영역을 확대하여 어려운 내용을 이해하는 데에 도움을 줄 수 있다.

그렇다면 적어도 10살까지는 책 읽어주기를 권장하고 싶다. 모든 책을 읽어줘야 하는 것은 아니지만, 아이 스스로 이해하기에 어렵다고 생각이 드는 책들이 있을 것이다. 아이들마다 정서적 수준과 이해의 수준이 다르기 때문에 어떤 책을 읽어줘야 할지는 부모가 가장 잘 알고 있다. 부모가 책을 읽어주면 아이는 스스로 읽었을 때와 달리 모르는 어휘가 나와도 금방 해결할 수 있어 내용에 대한 이해도가 높아지고, 어휘력도 쌓을 수 있다. 유아부터 초등 저학년까지는 고급 어휘를 쌓을 수 있는 기본 토대를 잘 다져놓아야 나중에 어려운 글도 쉽게 이해할 수 있다.

아이에게 어떤 책을 읽어줘야 할까? 도서관에 가서 아이가 골라오는 책이라면 무조건 다 읽어줘야 할까? 유아는 유아를 위한 책을 우선적으로 읽어주는 것이 바람직하다. 물론 아이의 관심사에 따라 책 내용의 깊이는 달라질 수 있지만, 책을 선택할 때는 부모의 도움이 필요하다. 유아라서 글밥이 적은 책만 선택해야 하는 것은 아니지만, 연령이 낮을수록 책에 집중하는 시간이 짧기 때문에 연령에 따라 서서히 글밥을 늘리는 것이 수월하게 책을 읽어줄 수 있는 방법이다.

유아에게 적합한 책은 대부분 그림책이다. 하지만 그중에서도 아이의 눈높이에 맞는 책을 고르도록 노력해야 한다. 한글을 떼기 전 유아는 글을 모르기 때문에 부모는 아이와 같이 글을 모른다는 전제하에 책장을 넘기면서 그림을 살펴본다. 글 없이 그림만 봐도 이야기가 연결되는 책들이 아이들이 보기 좋은 책이다. 아이들이 책을 선택하는 기준은 거의 그림이다. 부모는 그림뿐만 아니라 내용이 그림과 잘 맞는지 살펴보아야 한다. 좋은 그림책은 글의 내용과 그림이 일치하는 책이다. 이와 같은 책들은 아이들이 글을 잘 몰라도 그림으로 이야기를 상상하며 볼 수 있는 장점이 있다.

책 선택의 주도권은 가정에서는 아이가, 밖에서는 부모가 갖고 있는 것이 중요하다. 집 안에 있는 책들은 부모의 가치관에 따라 한번 선별된 책들이기 때문에 아이가 자유롭게 선택하게 한다. 도서관이나 서점에서는 유아의 경우 어린이 서적 영역에서 우선적으로 책을 볼 수 있도록 지도한다.

아이가 스스로 책을 읽고 이해하는 것을 '읽기 독립'이라고 말한다. 읽기 독립이 안 된 시기에는 책 자체에 흥미를 갖도록 하는 것이 중요하다. 이때는 아이가 원하는 책을 중심으로 읽어주는 것이 도움이 된다. 자동차를 좋아하는 아이는 자동차 책만 가져오기도 하는데, 다른 주제에도 관심을 가질 수 있도록 하루에 한두 권 정도는 자연관찰책이나, 창작책을 읽어줄 것을 권하고 싶다.

한글을 떼고 스스로 책을 읽을 수 있을 때에는 모든 책을 다 읽어줄 필요는 없다. 한글을 뗀 지 얼마 안 된 아이들에게는 쉬운 책이라도 부모가 함께 읽어줘야 하며, 완전히 읽기 독립이 되었다면 읽기 쉬운 책은 아이 스스로 읽고, 책 한 쪽에 모르는 어휘가 3개 이상 되는 책이라면 부모가 읽어주는 것이 바람직하다. 창작 그림책에서는 모르는 어휘 1~2개가 있어도 아이가 내용을 이해하는 데 큰 문제가 되지 않는다. 그림에서 도움을 받을 수 있으며, 문맥상에서 의미를 유추하는 재미를 느낄 수 있다. 그러나 지식책은 다르다. 페이지마다 3개 이상 어려운 어휘를 만나게 되면 처음에는 대충 넘기면서 이야기를 연결하려고 하지만, 다음 내용으로 넘어갈수록 전혀 다른 내용으로 이해를 한다거나 책은 어렵고, 재미없다고 생각할 수도 있다.

어떤 책을 언제까지 읽어줘야 할 것인가에 대한 해답은 바로 아이에게 있다. 아이가 원할 때까지 읽어주는 것이 바람직하며, 아이가 원하는 책을 우선적으로 읽어주는 것이 유아기에 할 수 있는 가장 좋은 독서 방법이다.

책 읽어주기를 멀리하는 부모보다는 관심을 갖고 책을 읽어주는 부모가 책을 좋아하는 아이로 만들 수 있다. 처음에 욕심을 갖고 아이에게 책을 읽어주다 보면 부모가 아이 책에 빠지는 경우도 많고, 매일 읽어주기만 해도 아이에게 책 읽는 습관을 길러줄 수 있다. 어떤 마음으로 시작했든 결과적으로는 책 읽어주는 부모와 책 읽는 아이가 남는다. 단, 조건은 읽어준 내용을 지속적으로 확인하려고 하지 않는 것이다.

아이의 독서량 점검하기

아이에게 어떤 책을 몇 권 읽어주는지 한 달 동안 체크해보자. 책을 분야별로 구분하여, 매일 읽은 책의 권수를 기록해보면 다양하게 선택하여 읽어주는지, 특정 분야를 더 많이 읽어주게 되는지 점검할 수 있다.

	창작 동화	자연 관찰	지식 백과	일상 사회	수학	과학	전래 동화	인물 철학	역사 문화
1									
2									
3									
4									
5									
6									
7									
8									
9									
10									
11									
12									
13									
14									
15									

	창작 동화	자연 관찰	지식 백과	일상 사회	수학	과학	전래 동화	인물 철학	역사 문화
16									
17									
18									
19									
20									
21									
22									
23									
24									
25									
26									
27									
28									
29									
30									
31									
합 계									

 **Q&A**

Q 아이에게 책을 많이 읽어주지만, 아이는 책을 좋아하지 않으며 눈에 보이는 결과도 없습니다. 어떻게 해야 할까요?

A 아이에게 어떤 책을 주로 읽어주는지 점검해봅니다. 아이가 원하는 책인지, 엄마가 원하는 책인지 생각해볼 필요가 있습니다. 책을 싫어하는 아이는 없습니다. 다만, 자신에게 재미있는 책을 찾지 못한 것이지요. 아이와 함께 도서관이나 서점을 가서 어떤 책이 보고 싶은지 물어보세요. 이때 부모의 의견은 배제되어야 합니다.

> 🧒 엄마, 나 이 책 보고 싶어요.
>
> 👩 그 책은 우리 집에 있지 않니? 그 책은 만화가 너무 많잖아.
> 그 책은 그림이 별로인 것 같아. 그 책은 네가 읽기엔 너무 쉽지 않니?

혹시 이렇게 이야기가 오고 가고 있다면, 아이는 책을 선택하는 데 어려움을 겪게 됩니다. 아이가 선택한 책에 대해 긍정적인 피드백을 주시길 바랍니다. 책을 좋아하게 만들기 위해서는 아이가 재미있어 하는 주제로 접근하는 것이 바른 선택입니다.

부모님들은 책에 대한 관심과 열정이 있을 때에는 의욕이 넘쳐서 열심히 하다가도 어느 순간 아이가 생각보다 책에 관심을 갖지 않거나 뭔가 눈에 보이는 결과가 없을 때는 기운이 빠져서 책 읽어주기를 게을리할 수 있습니다. 특히 책을 잘 읽어주지도 않는 집 아이가 간판만 보고 한글을 떼었다는 소식을 접하면 그동안 해왔던 책 읽어주기의 의미가 사라지듯이 모든 것이 하기 싫어지는 순간이 오기도 하지요. 중간에 여러 가지 이유로 고비가 올 수는 있지만, 아이와 약속을 정하고 꾸준히 책 읽기를 해주세요. 당장 눈앞의 결과물을 바라고 책을 읽어주는 것은 아니기 때문에 초심을 잃지 않도록 해야 합니다.

2장

책과 함께
크는 아이

결국, 책은 간접 경험이다

0세부터 7세까지 유아에게 꼭 해야 하는 교육이 무엇일까? 유아 학부모를 대상으로 진행하는 강의 중에 수강생들에게 항상 하는 질문이다. 독서라고 답을 하는 경우가 70% 이상이고, 국어 수학 영어 중심의 교육이라고 말하는 이들도 적지 않으며, 예체능이라고 말하는 이들도 있다. 현재 유아를 키우고 있는 부모들의 연령층은 대부분 30대~40대 초반이다. 2000년대 초까지만 하더라도 공부를 잘하면 남들에 비해 기회가 많았고, 공부라는 성공 사다리로 혜택을 보았을 것이다. 그러다 보니 자녀 교육에서도 공부를 중요시하며, 어릴 때부터 독서 교육에도 관심을 많이 기울인다. 아이에게 더 넓은 세계와 세상의 지식을 알려주고 싶어 다양하고 많은 책을 읽어주기도 한다. 지금처럼 매체가 다양하지 않던 어린 시절을 보낸 부모들은 책을 통해 많은 경험을 충족해왔다. 어느 책이든 작가의 경험이 녹아 있기 때문에 책에서 다양한 경험을 얻을 수 있는 것은 사실이지만, '백문불여일견白聞不如一見' 백 번 듣는 것이 한 번 보는 것보다 못하다는 것처럼 직접 경험을 해야 제대로 알 수 있다는 것들이 더 많다.

그림책은 책 내용이 그림으로 표현되어 있어, 아이들도 쉽게 이해하면서 볼 수 있다는 장점이 있다. 하지만 그림책을 통해 직접적으로 경험하게 되는 것은 시각적 정보가 대부분을 차지한다. 물론 소리 나는 책, 촉감 책, 향기 나는 책 등 오감을 경험할 수 있는 책도 있지만, 모든 책을 그렇게 만들기는 쉽지 않을 것이다. 아래 책의 그림을 보면, 푸딩의 촉감과 맛에 대한 표현이 나타나 있다. 푸딩 속은 부드럽고, 캐러멜 시럽이 쌉쌀하다고 나오는데, 아이가 푸딩을 먹어본 적이 있다면 '맞아! 푸딩은 부드러워, 그런데 내가 먹어본 것은 딸기 시럽이라 달콤했는데, 캐러멜 시럽은 쌉쌀한가 보네. 쌉쌀한 것은 어떤 걸까?' 하면서 자신의 경험에 빗대어 책을 볼 수 있

『달콤한 백곰』 시바타 게이코 저

게 된다. 푸딩을 먹어본 적이 없다면, '푸딩은 부드럽고 캐러멜 시럽은 쌉쌀한 맛이구나. 다음에 먹어봐야지.' 이 정도에서 생각이 그칠 경우가 크다.

유아는 자기중심적 사고를 하기 때문에 자신이 경험한 것을 중심으로 생각하는 경향이 크다. 책을 잘 보지 않는 아이들도 좋아하는 책은 생활동화에 많은 편이다. 대표적으로 '지원이와 병관이' 시리즈다. 우리 집과 환경이 비슷하고, 내용에 나오는 엄마 아빠의 말투와 문제 상황 등이 자신의 경험과 비슷해서 공감이 가기 때문이다.

이처럼 유아는 내가 경험한 만큼 책을 통해 이해하게 된다. 같은 책이라고 하더라도 4세에 읽었을 때와 7세가 읽었을 때 이해와 공감을 하는 정도는 다를 수밖에 없다. 이유는 무엇일까? 사고가 확장된 것도 있겠지만, 그동안 쌓아온 지식과 경험의 무게가 다르기 때문이다.

지원이와 병관이 시리즈 『손톱 깨물기』 고대영 글/ 김영진 그림

피아제는 아동의 지적 발달에 기여하는 개념을 스키마라고 보았는데, 이는 쉽게 말하면 기억 속에 저장되어 있는 지식이라고 볼 수 있다. 스키마는 새로운 정보를 접했을 때, 부분적으로 기존의 스키마에 기초하여 지식을 쉽게 얻기도 하고, 어떤 정보를 받아들일지를 선택하기도 한다.

흔히 아이를 키울 때 큰 그릇을 만들어야 한다고 말한다. 내용물을 많이 담으려면, 그릇의 크기가 커야 한다는 것이다. 그 그릇의 크기를 크게 만들어주는 것이 무엇일까? 바로 스키마를 길러주는 것이다. 지식에도 부익부 빈익빈 현상이 있다. 아는 것이 많을수록 새로운 것을 더 많이 흡수하게 된다. 또한 책에서 쌓아온 지식보다는 직접 경험을 통해 얻은 지식이 기억에도 오래 남고, 비슷한 경험이 들어 있는 책을 보게 되었을 때 이해와 공감이 더 잘되기도 한다. 철학자 칸트가 말하기를 "새로운 정보는 그것을 받아들이는 사람의 머릿속에 이미 들어 있는 내용과 연결될 때에만 의미를 갖는다"고 했다. 아이들에게 다양한 경험을 하게 하여, 책에서 본 지식을 체득화하는 과정이 중요하다고 볼 수 있다.

첫째 딸은 어릴 때 자연관찰책을 즐겨 보지 않았었다. 그런데 5세 무렵 기린을 유난히 좋아하기 시작하여 기린과 관련된 책은 장르에 관계없이 자주 보곤 했다. 그 무렵 E사 동물원에 초식동물을 볼 수 있는 곳이 생겨서 딸을 데리고 갔었다. 기린을 볼 수 있다는 큰 기대감을 가지고 갔었는데, 기린이 수륙 양용차 안으로 고개를 내밀어 먹이를 먹는 모습을 보자마자 딸은 좋아하기는커녕 엉엉 울고 말았다.

"엄마, 기린 무서워. 기린은 귀엽지 않아. 너무 크고 무서워."

책으로만 접했던 기린이 크다고는 했지만, 이렇게 클 것이라는 생각을 못 했던 것 같다. 이를 계기로 자연관찰책을 보면서 하나씩 동물과 식물을 접하게 했다. 사진이나 그림이 아닌 실제를 보여주고 싶었다. 동물원에 가기 전에 오늘 봐야 할 동식물을 먼저 책으로 접하고, 직접 동식물을 관찰하게 했다. 유아기에는 오감발달을 통한 경험이 기억에 오래 남기 때문에 관찰할 때에는 시각, 촉각, 청각, 후각, 미각 등을 이용하도록 알려주기도 했다. 돌아와서는 봤던 동식물 중에서 가장 관심 있던 것을 중심으로 책을 보고 오늘의 경험을 이야기해보는 활동을 주로 했다. 경험을 나누는 것은 사물을 파악하는 기초적인 방법을 습득하는 가장 좋은 방법이며, 책을 통해 지식과 경험을 연결 지으며 살아 있는 지식을 얻을 수 있다.

책은 결국 간접 경험이다. 유아기에는 모든 것을 직접 경험할 수 없으니, 책을 읽어주면서 세상에 대한 이치를 가르치는 것과 동시에 직접 보고 듣고 만지고 느낄 수 있는 환경도 만들어주어야 한다.

유아에게 좋은 책이간?

좋은 책은 어떻게 고르나요?

책에도 좋은 책과 나쁜 책이 있을까? 질적으로 차이는 있을 수 있겠지만, 일부러 나쁜 책을 쓰는 작가는 없을 것이다. 여기서 말하는 좋은 책은 유아에게 도움이 되는 책이라고 보면 되겠다. 유아를 위한 좋은 책 고르는 방법을 몇 가지 제시해본다.

그림만으로도 이야기 전개가 가능한 책

아이들은 글을 읽기 전까지 그림을 보며 이야기를 이해한다. 그림을 보면서 아이만의 눈으로 이야기를 풀어나가는 과정을 통해 상상력이 발달하게 된다. 부모는 책을 선택할 때만큼은 글을 읽지 못하는 아이가 되어보길 바란다. 책장을 한 장 한 장 넘기면서 글 대신 그림만 감상해보자. 그림만으로도 나만의 이야기가 만들어진다면 그 책은 아이들도 즐겨볼 수 있을 확률이 높다. 책에 원인과 결과가

그림으로 확연히 드러나는 경우에는 아이가 작가의 의도를 그림만으로도 파악할 수 있다. 이런 책들은 부모가 꼭 읽어주지 않아도 아이 스스로 책을 꺼내어 그림을 살펴보는 경우가 많으며, 그림만 보아도 재미있는 책이라는 것을 알 수 있다. '안 돼, 데이빗!'(지경사)을 쓴 데이빗 섀논David Shannon 작가의 그림책이 대표적이다.

글의 내용과 그림이 일치하는 책

아이들에게 책을 읽어줄 때, "이게 뭐야?"라는 질문을 종종 받게 된다. 그림책이라면 "이것은 무엇이다"라고 말하고 설명해주면 되는데, 그중에서도 과학이나 사회 같은 지식 장르의 책들이 질문에 답하기가 편하다. 글의 내용과 그림이 일치하는 경우가 많기 때문이

나는 성큼성큼
공원으로 가요.

나는 흔들흔들
그네를 타요.

사람들이 하하하
나를 보고 웃어요.

나는 후다닥
달아나요.

프뢰벨 언어원리동화 『두비두의 새 친구들』

다. 이는 지식 장르에만 국한되는 것은 아니며 창작책에도 많은 편
이다. 특히 '백희나' 작가의 책들은 글 내용의 전부가 그림 안에 다
들어 있다고 느껴질 정도로 구성이 잘되어 있다. 책을 읽어주면 그
내용이 그림으로 설명이 되니 아이 입장에서는 이해가 잘될 수밖에
없다. 그리고 이게 뭐냐고 물어볼 때에도 그림을 짚어주면서 쉽게
설명해 줄 수 있는 장점이 있다. 또한 이 책들은 사물 인지 교육과
한글 교육에도 도움이 된다. 전집 중에서는 '말하기'와 '언어 원리 동
화'(프뢰벨), '성장 발달 읽기 동화'(글뿌리)가 대표적이다. 이야기를 복
잡하게 그림으로 표현한 것이 아니라, 간결한 그림으로 표현한 것이
특징이다. 유아에게 그림은 언어를 대신할 수 있는 강력한 힘을 지
니고 있기 때문에 글과 그림이 일치하는 책이 좋은 책이라고 볼 수
있다.

의성어와 의태어가 풍부한 책

말을 아직 유창하게 하지 못하는 유아에게는 소리를 표현하는 의성어나 모양을 흉내 내는 의태어가 말의 재미를 알게 해준다. '공이 굴러갑니다'라는 표현보다는 '데굴데굴 공이 굴러갑니다'라고 공이 굴러가는 모습을 구체화해주면 아이는 머릿속으로 그 모습을 상상하게 된다. 비가 많이 오는 날, 아이에게 말을 걸 때 "비가 많이 오네"라고 말하지 "비가 주룩주룩 많이 오는구나"라고 말하는 부모는 그리 많지 않다. 다양한 의성어와 의태어는 자신의 생각과 느낌을 구체적으로 전달하려고 할 때 효과적이다. 이렇게 언어로 표현하는 활동은 창의성을 키우는 데에도 도움을 준다.

의성어 의태어는 지식책보다는 창작책에서 주로 볼 수 있다. 그중에서도 추천하는 책은 어린이를 위한 동시집이다. 최승호 시인, 문혜진 시인이 쓴 '말놀이 동시집'이 대표적이라 볼 수 있다. 한국적인

청소

먼지 먹자 먼지 먹자
배부르게 먼지 먹자
걸레가 먹기 전에
먼저 먹자 먼지 먹자

구석 구석 먼지 먹자
회오리처럼 힘차게
먼지 먹자 먼지 먹자

『말놀이 동요집』 방시혁, 최승호 저

정서가 담겨 있고, 우리말의 재미와 아름다움을 동시에 배울 수 있는 책이다. 부모가 시를 맛깔나게 읽어주면 좋겠지만, 어렵다면 방시혁, 최승호의 '말놀이 동요집'에 있는 CD를 들려주자.

대부분의 유아들은 부모가 책을 읽어줄 때보다 노래를 불러줄 때 집중하는 경향이 높다. 이러한 동요집에 있는 노랫말을 통하여 동시를 처음 접하게 되면, 더 재미있어 하고 따라 하고 싶어 한다. 동시라는 장르가 익숙해지면, 다른 동시들도 즐기게 되며 나아가 스스로 동시를 지어보는 활동으로 이어지게 된다.

다양한 색채와 기법으로 그림을 표현한 책

생후 1~2개월 시기에 유아는 시력이 약 0.1이라 형태와 흑백을 알아보는 정도다. 그래서 백일 전에는 흑백 모빌을 보여주다가, 생후 3개월이 지나 색을 점차 인지하게 되면 뚜렷한 색채로 된 장난감이나 책을 보여주게 된다. 시력 발달이 진행 중인 유아들에게는 채도가 높은 그림이 눈에 들어오는 것은 당연한 일인지 모르겠다.

우리 집 거실에는 클림트 Gustav Klimt의 명화 액자가 있었는데, 8개월 된 둘째가 그 그림을 좋아해서 아이가 볼 수 있게 벽에 걸린 그림을 아래로 내려놓은 적이 있다. 그림 앞에 유아 의자를 놓고 앉혀주면, 아이가 한참 그림을 보고 만지며 놀았던 기억이 생생하다. 그 외에도 고흐나 몬드리안 작품들도 열심히 들여다보곤 했다. 유아들이 보는 그림책 중에서는 명화를 소재로 한 것이 상당히 많다. 명화 그림책도 좋고, 다채로운 색감이 있는 그림책을 접하게 하자. 유아기에

지잉지잉 지이잉.

첼로 줄을 활로 켜면
깊게 울리는 소리에 맞추어
바이올린도 지가징 지가징.

첼로

무반주 첼로 모음곡 1번 - 바흐

첼로 연주자
샤갈Chagall, 1939년

돌잡이 명화 시리즈 『맑은 소리, 고운 소리』

는 자연의 색을 보고 느끼는 것뿐만 아니라 그림책에서 다채로운 색을 접하는 것도 좋은 자극이 된다. 유아들은 크레파스로 색칠하는 활동을 많이 하는데, 다양한 기법으로 표현한 그림을 보고 따라해 보는 활동도 아이들의 상상력과 창의력에 도움이 될 수 있다.

그림책은 그림을 감상하는 것 자체로도 의미가 있다. 5세 이전의 아이들이라면 '돌잡이 명화 시리즈'(천재교육)가 놀이 책으로 재미있게 즐기면서 볼 수 있으며, 5세 이후라면 '케이트의 명화 여행 시리즈'(크레용하우스)를 보며 명화를 통해 다양한 그림 기법을 경험할 수 있다.

단행본이 좋을까요? 전집이 좋을까요?

아이에게 책을 읽어주는 부모라면 한번쯤은 고민해봤을 것이다. 정답은 단행본, 전집 관계없이 아이가 좋아하는 책이 좋은 책이다. 전집을 사면 전권 중에서 5분의 1만 잘 봐도 성공이라는 이야기가 있듯이 전집에서 전권을 모두 아이가 좋아하는 경우는 그리 많지 않다. 그중에서 몇 권만 좋아할 수도 있고, 좋아하는 책이 아예 없을 수도 있다. 그러나 유아기에 책 읽는 습관을 들이기 위해서는 전집은 필수다. 육아로 바쁜 와중에 좋은 단행본 책 골라주겠다고 온라인 서점에서 미리보기를 하나하나 하면서 책을 고르기는 쉽지 않기 때문이다. 유명 출판사의 전집 50만 원은 할부로 뚝딱 결제하면서, 단행본을 담아 놓은 온라인 서점의 장바구니 50만 원은 선뜻 결제하지 못하는 것이 현실이다.

단행본이 좋다는 것은 알고 있지만, 선뜻 구매하지 못하는 이유는 무엇일까? 책이 비싸다는 것과 가성비를 따지면 전집이 유리할 것 같다는 생각 때문인 것 같다. 또한 단행본은 나중에 아이가 보지 않을 때에는 어떻게 후처리를 해야 할지 걱정하게 된다. 전집은 중고로 내놓기 쉽지만, 단행본은 보통 물려주거나 기증하는 경우가 꽤 있기 때문이다.

우리가 잊어서는 안 되는 것이 하나 있다. 시간도 돈이라는 것과 책의 가치를 가격으로만 매겨서는 안 된다는 것이다. 나중에 되팔 생각을 하고 구매하지 않았으면 좋겠다. 단행본보다는 전집을 깨끗하게 보려는 사람들이 많지만, 아이와 책을 깨끗하게 보는 것이 무슨 의미가 있을까? 예를 들어 '솔루토이 시리즈'(교원)는 이름에 걸맞게 책 뒤편에 활동지가 수록되어 있다. 아이와 책을 읽고, 그리기나 만들기 같은 독후활동을 하는 것과 읽고 팔아야 하니 활동지를 하지 않는 것은 어떤 차이가 있을까? 책을 왜 구매했는지 근본적인 이유를 생각해봐야 한다. 책은 되팔기 위해 구매하는 것이 아니라 책을 아이의 것으로 만들기 위한 목적이 크다. 한 권의 책이 한 사람의 인생을 바꿀 수 있다는 말이 있듯이 책을 도구로만 여기진 않았으면 좋겠다.

유아기에는 아이와 책을 볼 수 있는 환경을 만들어야 하는데 그 출발 선상에는 '책'이 있다. 집에 책이 없으면 도서관을 자주 가고, 도서관에서 책을 빌려오면 된다. 하지만 아이들의 호기심과 관심사를 바로바로 채워주기 위해서는 집에 책이 어느 정도 구비되어 있어야 한다. 단행본만으로는 그 많은 책들을 채워주기에는 어려움이 있다. 또한 유아기는 언어가 폭발적으로 성장하는 시기다. 이 시기는 부모가 사용하는 어휘로는 자극이 부족하기 때문에 책을 읽어주어야 한다. 그중에서도 유아의 눈높이에 맞는 창작 분야의 책들이 언어 발달에 큰 도움이 된다. 대부분의 그림책은 창작 비중이 높은 편이라 단행본 선택에도 큰 어려움은 없으나, 유명 작가들의 창작·전래·명작 그림책은 아이가 원하는 만큼 단행본으로 채워주기에는 시간적으로나 경제적으로 어려운 점이 많다. 그래서 책을 많이 읽는 아이들에겐 전집이 유리할 수밖에 없다.

부모의 선택으로 단행본 책을 구비할 경우에는 아이보다는 부모의 관심사에 맞는 책들로 구성될 확률이 높다. 아무리 추천 도서를 활용한다고 한들, 그 안에서도 부모가 선택을 하기 때문이다. 전집의 가장 큰 장점은 다양한 주제로 구성이 되어 있기 때문에 아이의 관심사를 파악할 수 있다는 것이다. 전집 중에서 아이가 스스로 선택하는 책이 있다면 현재의 관심사로 봐도 좋을 것이다. 과학에 관심 많은 부모는 예술 분야의 책에 손이 가지 않듯이 아이들도 마찬가지다.

그렇다면 전집은 어느 정도 구비하면 좋을까? 가능한 많이 구비하는 것이 좋을까? 유아기에는 연령에 맞는 그림책이 5질 정도 있다면 아이들이 꺼내어 볼 수 있는 책이 꽤 될 것이다. 무조건 많은 것이 좋은 것이 아니라 아이 수준과 관심사에 맞는 책이 있어야 한다. 5질이면 평균적으로 200~300권이다. 이 정도 되는 책을 꼭 구비해야 하는 것은 아니며, 각 가정의 환경과 교육 철학에 따라 책의 보유

	단행본	전집
장점	• 깊이 있는 좋은 책이 많다. • 책 고르는 안목이 생긴다.	• 분야별 책 읽기에 적합하다. • 아이의 관심사를 알 수 있다. • 책 선택이 쉽고, 많은 책을 볼 수 있다. • 한 권당 가격이 저렴한 편이다.
단점	• 책 선택이 어렵고, 시간이 많이 걸린다. • 한 권당 가격이 비싼 편이다.	• 책 내용과 그림에 대한 질이 아쉬운 책들도 포함되어 있다.
참고	• 도서관이나 대여점을 이용한다. • 그중 아이가 좋아하는 책은 구매한다.	• 전래 · 명작 · 학습 동화는 전집이 유리하다.

권수는 달라질 수 있다. 상황에 맞게 전집을 구비하면 된다.

그렇다면 단행본은 어떻게 활용하면 좋을까? 먼저 전집에서 아이가 잘 보았던 책의 주제를 살펴본다. 그 책을 읽어본 후 조금 더 깊이 있는 책을 단행본으로 확장해준다면 아이의 호기심을 깊이 있는 내용으로 채울 수 있으며, 책을 활용하는 방법을 자연스럽게 배우게 할 수 있다.

단행본 선택이 어려울 때에는 어린이 전문 온라인 서점인 '오픈키드'와 '그림책 박물관' 사이트를 이용하면 도움이 된다. 매년 올라오는 좋은 그림책 목록과 어린이 책 목록을 볼 수 있으며, 연령별 주제별 학년별 등으로 카테고리가 나누어져 있어 필요한 책을 쉽게 선택할 수 있는 장점이 있다.

| 오픈키드 사이트 | www.openkid.co.kr |
| 그림책 박물관 | picturebook-museum.com |

전자펜과 전자책을 효과적으로 활용해요

전자펜이 처음 나왔을 때에는 혁신에 가까웠다. 책에 펜을 대면 구연동화 CD를 틀어 놓은 것과 같이 소리가 나오기 때문이다. 휴대성이 좋아서 책과 전자펜을 들고 다니면 언제 어디서든 동화를 들을 수 있다. 대부분 전자펜은 영어책에서 CD 대용으로 원어민의 음성을 들려주는 데 쓰인다. 한글 책에도 전자펜을 활용하는 것이 효과적일까? 아니면 부모가 직접 읽어주는 것이 효과적일까? 부모 입장에서는 전자펜이나 전자책을 활용하는 것과 직접 책을 읽어주는 것 중에 어떤 것을 더 선호할까? 책에 관심이 많은 부모들은 책을 직접 읽어주기도 하고, 구연동화 CD를 활용하기도 하며, 전자펜이나 전자책도 잘 활용한다. 하지만 책에 관심이 없고, 책을 잘 읽어주지 않는 부모들은 전자펜이나 전자책조차도 잘 활용하지 못하는 경우가 많다. 결국 도구가 무엇이 되었건 책에 대한 부모의 관심이 중요하다.

전자펜을 좋아하는 아이들이 있는 반면에 싫어하는 아이들도 있다. 이것 또한 전자펜을 어떻게 활용하느냐에 달려 있다. 5세 미만의 유아는 책 읽어주는 것을 좋아하지 않을 수 있지만, 동요 듣는 것을 싫어하는 아이들은 많지 않다. 두 돌에서 세 돌 무렵 아이들은 음악에 맞추어 춤을 추기도 하고, 노래를 듣고 따라 하기도 한다. 이 시기에는 전자펜으로 동요나 구연동화를 들려주는 것도 언어 발달에 도움이 된다.

전자펜은 아이가 이야기를 듣는 도중 페이지 넘기는 소리에 맞추어 책장을 넘기거나, 이야기가 잠깐 쉬는 시간에 맞추어 책장을 넘길 수 있을 때가 되면 스스로 활용이 가능하다. 그 전에는 부모가 아이를 무릎에 앉혀서 함께 전자펜을 들으면서 책을 보는 활동을 해보길 권장한다. 아이에게 전자펜을 쥐어주고 부모는 다른 일을 한다면, 아이는 전자펜을 점점 멀리할 수도 있다. 아이들에게 책은 부모와의 정서적 교감이라는 큰 역할을 하기 때문이다. 전자펜을 건네받은 아이가 부모의 무관심을 알아챈다면 전자펜에 대한 좋지 않은 기억만 쌓일 것이다. 아이가 전자펜에 적응하기 전까지 부모와 함께 즐겁게 듣는 경험을 쌓으면 도움이 된다.

책을 읽어줄 시간이 부족했거나, 체력적으로 글을 읽어주기 힘든 날에는 아이와 함께 눕거나, 꼭 끌어안고 전자펜을 통해서 함께 이야기를 들어도 좋다. 이야기를 들으면서 중간중간 아이에게 해주고 싶은 말을 해도 좋고, 감동적인 장면에서는 각자의 느낌을 이야기해 보는 것도 좋은 방법이다.

전자펜은 아이가 한글에 관심이 있어 글자를 읽고 싶어 할 때도 효과적으로 사용할 수 있다. 소리와 글자를 일치시키는 연습을 할 수 있어서 부모가 옆에서 항상 읽어주지 않아도 스스로 학습이 가능한 장점이 있다. 그러나 한글을 배울 시기에 글자에는 관심이 없고, 전자펜에만 의존하여 이야기를 듣는다면 전자펜의 전원을 잠시 꺼두는 것도 방법이다. 전자펜이 책을 읽어주다 보니, 정작 읽기의 주체가 되는 본인은 스스로 읽을 필요성을 못 느낄 수 있기 때문이다. 전화기만 쓰던 시절에는 전화번호를 외웠지만, 휴대폰을 사용하면서 번호를 외울 필요성을 못 느끼는 현상과 비슷하다고 볼 수 있다.

또한 전자펜은 책에 재미를 잘 느끼지 못하는 아이들에게 흥미를 유발할 수 있는 도구로 활용할 수 있다. 자연관찰책을 좋아하지 않는 아이들에게는 다양한 동물 울음소리로 호기심을 유발할 수 있고, 창작책에서는 맛깔나게 의성어와 의태어를 표현해주는 성우의 목소리를 통해 집중도가 높아져 그림으로 본 내용보다 들은 이야기를 더 잘 기억하기도 한다.

전자책의 장점은 기기 하나만 있으면 다양한 책들을 많이 읽을 수 있다는 것이다. 시간과 공간을 절약할 수 있는 효과도 있다. 전자책과 종이책을 비교해보면 어떤 차이가 있을까? 내용에 대한 이해도에는 큰 차이가 없지만, 읽는 속도로 보면 종이책이 전자책보다 빠르다. 또한 내가 보고 싶은 장면을 다시 찾아서 볼 때도 종이책이 더 편하다. 우리가 흔히 알고 있는 E-book과 달리 유아가 보는 전자책은 조금 다르다. 애니메이션과 동화를 접목한 것으로 보면 되는데, 쉽게 말해서 움직이는 그림책이다. 또는 그림은 고정되어 있고, 책장만 자동으로 넘어가면서 구연동화가 나오기도 한다. 그래서 읽기 독립이 되어 스스로 책을 읽는 아이들은 전자책으로 보는 것보다는 종이책을 읽는 것을 더 선호하기도 한다. 책 읽어주는 시스템이 자신이 읽는 속도를 따라가지 못해 답답하기 때문이다. 반면 종이책은 더 머물고 싶은 페이지가 있으면 충분히 더 보고, 빨리 넘길 수 있는 부분은 빠르게 넘길 수 있다. 미디어에 노출이 많이 되는 요즘 아이들에게 책까지 전자책으로 주는 것은 시력 보호 차원에서도 추천하지 않는다. 한곳을 오래 눈 깜빡임 없이 보면, 눈에 무리가 가기 때문이다.

전자책을 잘 활용하는 방법은 하루에 정해진 양 또는 정해진 시간만큼만 보는 것이다. 즉, TV와 마찬가지로 규칙을 잘 정해야 한다. 자녀가 여럿인 경우, 막내 아이가 너무 어려서 첫째에게 책을 읽어주기 어려운 상황이거나 해외 유학이나 장기여행으로 한글 책을 접하기 힘든 환경에서는 전자책을 유용하게 활용할 수 있을 것이다. 전자책에서 아이가 좋아하는 이야기를 반복적으로 계속 보여주기보다는 책으로 구매하여, 책을 보도록 유도하는 것이 더 좋은 방법이다. 워킹맘이라 집에 아이를 돌봐주시는 분이 있는 경우에는 TV를 계속 틀어주는 것보다 전자책을 보게 하는 것이 유익할 수 있다. 단, 시간에 대한 규제는 반드시 필요하다.

아이폰 개발로 전 세계를 열광시킨 스티브 잡스는 자녀에게 아이패드를 사용을 금지했고, 저녁에는 책과 역사에 대한 이야기를 많이 했다고 한다. 아날로그의 감성 또한 중요시했다. '3D 로보틱스 Robotics'의 앤더슨 대표도 스마트 기기의 부작용을 우려하여 자녀들이 기기를 사용할 때에는 시간을 제한했다고 한다. 전자펜이나 전자책 등의 스마트 기기들이 날로 발전하고 있다. 유아기에는 미디어를 사용하는 제대로 된 방법을 가르치기보다는 필요할 때 적절하게 사용하는 방법을 가르쳐야 하지 않을까.

	전자펜	전자책
장점	• 다양한 효과음으로 책의 관심도 증가 • 그림과 소리의 1:1 매칭 • 청각적 주의력 향상 • 이야기를 듣고 상상하는 활동	• 흥미유발 • 다양한 동화책 접근 용이 • 배경지식 쌓기에 편리함
단점	• 낮은 연령의 경우, 기기 관리의 어려움 • 한글을 뗀 이후는 활용도가 줄어듦	• 부모와 상호작용 부족 • 시간 규제 필요 • 시력문제

📖 03 독서 환경 만들기

책을 읽고 싶은 인적 환경을 만들어요

부모의 정성

　유아기에 독서 환경을 만드는 데 가장 중요한 요소는 인적 환경 즉, 부모 또는 주 양육자의 태도다. TV나 스마트 기기를 보는 가정 환경에서 독서 습관을 제대로 길러주기는 어렵다. 왜 그럴까? 책보다 더 쉽게 접근이 가능하고, 빠르게 재미를 얻을 수 있는 환경이기 때문이다. 집에서는 하루 종일 TV가 켜져 있고, 아이가 원할 때 또는 떼를 쓸 때마다 스마트 기기를 손에 쥐어준다면, 그 아이는 책에 대한 재미를 알기도 전에 이미 스마트 기기에 중독될 수도 있다. 자녀에게 책을 읽어준다는 것은 노력과 정성이 들어가는 일이다. 시간을 들여야 하기 때문이다. 하루에 쓸 수 있는 시간 중 얼마나 아이의 독서에 투자할 수 있는지를 먼저 고민해보길 바란다. 책의 가치를 높게 생각하는 경우에는 다른 일보다 우선하여 책을 읽어줄 수 있듯이, 우리 가정에서 가장 우선시되는 교육이 무엇인지 부부가 함께 논의해야 한다.

맞벌이의 경우, 아빠의 역할이 엄마보다 더 중요하다. 우리나라에선 여전히 남편과 같은 시간 일을 하더라도 집안일을 하는 비중은 상대적으로 아내가 더 큰 편이다. 거기에 아이 독서까지 신경 쓰려면 시간이 부족할 수밖에 없다. 아빠는 집안일을 분담하고, 아이 독서에도 적극적으로 관심을 가져야 제대로 된 독서 습관을 길러줄 수 있다. 엄마는 늦은 저녁 설거지와 청소로 바쁘고, 아빠는 피곤하다는 이유로 아이들에게 TV를 틀어주거나 스마트 기기를 쥐어준다면 아이들은 책과 가까이 할 시간이 없다. 아이에게 책 한 권 제대로 읽어주지 않으면서 아이 스스로 책 읽기를 바란다면 욕심에 불과하다. '공행공반空行空返'이라는 말처럼 행하는 것이 없으면 돌아오는 것도 없는 법이다.

아이에게 책을 읽어줄 시간이 없다면, 시간을 내면 된다가 답이 될까? 시간을 내라는 것보다는 정성을 들이자고 말하고 싶다. 바쁜 와중에도 책 한 권 읽어주는 부모의 마음을 아이는 안다. 그런 상황에서 아이는 책 한 권이지만, 할 수 있는 만큼 귀 기울여 부모의 목소리를 듣는다.

이렇게 시간을 내는 정성도 들여야 하지만, 읽는 정성도 들여야 한다. 이야기를 빨리 읽어주고 끝내는 것이 아니라, 부모의 생각과 감정을 담아서 읽어주면 아이들도 이야기에 더 빠져들고 재미있게 들을 수 있다. 읽는 정성을 들이다 보면, 사실 아이보다 부모가 얻는 것이 더 많다. 책이 주는 재미도 있지만, 어렸을 때는 잘 몰랐던 감동과 교훈을 나이를 먹고 다시 깨닫게 된다. 아이들에게 책을 정성들여 읽어주다 보면 어느새 눈물이 고이거나 가슴이 먹먹해지는 경험을 할 것이다.

5세 이전에 읽는 그림책에서는 보통 재미나 기발한 작가의 생각을 많이 접한다면, 5세 이후에 보는 책에는 아이의 눈높이에 맞춰 생각과 감정이 실린 내용들이 많다. 읽어주면서 '내 아이라면 어땠을까?' '내가 어릴 때도 그랬었는데'라는 생각이 교차하기도 한다. 방정환, 이상, 노경실 등 대표적인 우리나라 작가의 작품으로 구성된 '한국대표 순수창작동화'(통큰세상) 전집이나 '내 인생의 그림책 시리즈'(내 인생의 책)의 단행본들은 줄거리의 힘만으로 이야기를 재밌게 끌고 가는 좋은 책들로 구성되어 있다.

책 읽어주는 부모보다 책 읽는 부모

책 읽는 부모가 왜 중요할까? 많은 사람들이 경험했겠지만, 부모가 되면 생각에 큰 전환점을 맞곤 한다. 나만 생각하면 되었던 시절과 달리 부모의 시각으로 책을 보면 등장인물을 다양한 관점으로 볼 수 있게 된다. 부모에게 책을 읽으라고 하는 것은 그만큼 삶의 경험을 다양하게 해석할 수 있는 혜안을 갖길 바라는 마음에서다. 아이를 키우다 보면 도덕적 신념이나 가치관이 중요하다는 것을 느낄 수 있다. 양육과 교육 문제에 이리 흔들리고, 저리 흔들리는 경우가 허다하기 때문이다. 부모의 독서는 아이를 잘 키울 수 있는 밑거름을 만들어주고, 어려움이 닥쳤을 때 의지할 수 있는 내면의 기반이 되어준다.

이렇게 쌓아온 책 읽기의 힘으로 자녀에게 좋은 이야기를 많이 들려줄 수 있다. 이야기의 출처가 책이라면, 자연스럽게 아이는 그 책을 찾게 될 것이다. 내가 엄마가 된 다음에 다시 읽은 책 중 하나는 '탈무드'다. 사춘기 시절 가장 많이 봤던 책을 다시 보게 되면서 내가 중요하게 생각하는 가치에 대해서 돌아볼 수 있는 기회가 되었다. 책에서 기억에 남는 것을 딸에게 가끔씩 이야기해주었는데, 그 힘으로 초등학생이 된 딸은 '탈무드'를 재미있게 읽고 있다. 내가 읽었던 책을 딸이 읽는 그 순간은 참으로 뿌듯하다. 서로 책의 내용을 공유할 수 있는 시기가 되면 책에 대한 토론도 가능할 것이다.

아이는 부모를 롤모델로 삼는 경우가 많아 부모가 책을 읽는 모습을 보여주는 것도 좋은 방법이다. 일부러 애써서 책을 읽는 척하는 것은 바람직하지 않다. 읽을 책이 없거나 책에 흥미가 없는 부모라면 잡지나 주간지를 보라고 권하기도 하지만, 그보다는 부모도 책에 관심을 기울여 자신이 흥미 있는 분야의 책을 읽었으면 한다.

아빠가 책 읽기를 좋아하는 집안의 분위기를 보면, 거실에서 가족들이 함께 책을 보는 일이 잦다. 우리 집은 남편이 독서 활동보다는 체험 활동에 관심이 더 많아서 주로 여행이나, 캠핑을 다니며 시간 보내기를 더 좋아한다. 아빠가 책 읽는 모습을 많이 보여주지 않아서 시사 주간지를 구독하게 했더니, 집에서도 글을 읽는 모습을 아이들에게 보여줄 수 있었다. 엄마인 나는 주방 장식장 하단에 내가 보고 있는 책들을 꽂아두고 필요할 때마다 수시로 읽었다. 그 모습을 딸들이 많이 따라 했다. 내가 책을 볼 때면, 어린 둘째는 내가 보고 있는 장면을 유심히 보기도 했다. 첫째를 키울 때에도 이런 경험이 있어 그런지 아이의 독서 습관을 길러주는 데 중요한 역할을 했다.

아이들마다 엄마가 하는 일이라면 뭐든지 따라 하려고 하는 시기가 있다. 그때는 내 책보다 그림책을 읽곤 했다. 그러면 내 옆에 앉아서 같이 보는 경우가 많았다. 아이가 읽어달라고 하면 소리 내어 읽어주었다. 당시에는 아이들에게 책 읽는 습관을 들인다고 열심히 노력했었는데, 지금은 애쓰지 않아도 수시로 책 읽어달라고 오는 딸들이 무서울 정도가 되었다.

아이들이 유치원생 정도가 되면 부모가 책을 볼 때, 함께 조용히 책을 보는 분위기가 형성되기도 한다. 신나게 놀다가도 자연스럽게

주방 책꽂이 - 아이 책과 엄마 책

책을 꺼내와 부모 옆에 앉기도 한다. "이제부터 책 읽을 시간이야!"라고 몇 번 말하는 것보다 부모가 책 읽는 모습을 보여주는 것이 교육적으로도 더 도움이 된다. 아이가 부모를 따라하는 시기에는 더욱이 방법을 적극적으로 활용했으면 좋겠다.

주변 인프라 활용

책을 꼭 부모만 읽어주라는 법은 없다. 부모가 아닌 다른 사람이 책 읽어주는 것을 듣는 경험도 아이들에겐 신선함을 줄 수 있다. 특히 책에 재미를 못 느껴본 아이라면 책을 재미있게 읽어주는 사람과 함께 책을 읽는 경험을 하게 하는 것도 도움이 된다. 가장 쉽게 접할 수 있는 방법은 구연동화 음원을 활용하는 것이지만, 아이들은 목소리보다 읽어주는 사람의 생생한 표정과 몸짓을 좋아하는 경우가 많기 때문에 이야기 극장을 방문하거나, 구연동화 선생님에게 이야기를 듣는 것도 좋다.

요즘은 도서관이나 문화센터에서 하는 프로그램도 많아서 기회가 되면 아이와 함께 수업을 들어보는 것을 추천한다. 나도 아이가 3~4세 때 자주 다니곤 했는데, 선생님들이 책을 읽어주는 모습을 보며 다양한 팁을 얻곤 했다. 선생님이 첫 수업에서 상어를 주제로 한 자연관찰책을 읽어주는데, 단순히 내용을 읽어주는 것이 아니라 목소리로 효과음도 내면서 읽어주는 모습이 인상적이었다. 돌아다니던 아이들도 집중하고 책에 빠져들었다. 선생님은 책을 몸 뒤로 숨긴 뒤 "빠~밤, 빠~밤, 빠밤바빰 빠밤빠밤빠밤빠밤빠~" 소리를 내면서 책을 앞으로 꺼내오며 상어의 등장 장면을 소개했다. 그 모습이 기억에 많이 남는지, 초등학생이 된 지금도 첫째는 상어 책을 꺼낼 때마다 "빠~밤, 빠~밤" 하면서 즐거워한다.

집에 친인척이 방문했을 때, 가족들이 아이에게 책을 읽어주도록 부탁하는 것도 좋은 방법이다. 첫째가 '혹부리 영감'(교원) 책을 좋아해서 평소 자주 읽어주곤 했다. 시어머니께서 집에 오신 날, 저녁 식사를 마친 후 첫째가 책을 읽어달라고 할머니께 이야기하자, 시어머니께서도 흔쾌히 '혹부리 영감' 책을 읽어주셨다. 온 집안 식구들이 시어머니가 읽어주는 이야기 소리에 집중하고, 여기저기서 웃음이 터지기 시작했다. 바로 부산 사투리 억양 때문이었다. 첫째는 할머니한테 읽어달라고 얘기하고 또 얘기했다. 옛날이야기는 할머니가 읽어주니 더 재미있는 것 같다고 했다. 같은 이야기도 읽어주는 사람에 따라서 재미있게 느껴지기도, 재미없게 느껴지기도 한다. 친인척 중에 이야기를 맛깔나게 하는 분이 있다면, 기회가 될 때 아이와 함께 책을 읽는 시간을 가져보는 것을 권해보자.

워킹맘이라 집에 아이를 돌봐주시는 분이 있다면, 하루에 책 2권을 읽어주실 것을 처음부터 부탁해보자. 대신 책 선정은 부모가 미리 하여, 식탁 위에 놓고 꾸준히 읽어줄 수 있도록 준비해두는 것이 좋다.

책을 읽고 싶은 심리적 환경을 만들어요

여유 공간의 필요성

사람은 누구나 빈 공간을 채우려는 심리가 있는 반면에 과하게 채워진 공간 때문에 스트레스를 받기도 한다. 온 집 안이 책장으로 둘러싸여 있다면 과연 행복할까? 책을 많이 사는 집들은 일단 집에 책장이 많다. 심지어 책장 빼면 남는 가구는 식탁밖에 없을 정도라고한다. 유아기에 책을 다양하게 많이 구매하다 보면, 빈 책장은 어느새 가득 차서 책장을 또 구매하기 위해 알아보기도 한다. 많은 엄마들이 자신의 물건 하나는 쉽게 사지 못하면서 아이를 위한 지갑은쉽게 연다. 책을 계속 사다 보면 어느새 집은 부부를 위한 공간보다는 아이를 위한 공간이 더 많아진다. 책이 지나치게 많으면 책을 다읽어줘야 한다는 압박감이 스트레스로 작용하기도 하고, 아이는 책을 귀하지 않게 여길 수 있다.

나도 첫째가 어렸을 때에는 그렇게 아이 책과 책장이 사고 싶었다. 직장을 그만두고 난 다음 나의 존재감을 책 읽어주는 엄마로 채우려고 했던 것은 아닐까 하는 생각이 든다. 내 물건 하나 제대로 사지도 못하면서 값비싼 책들은 모두 아이를 위한 것이라고 합리화하면서 구매했었다. 사실 아이는 그렇게 많은 책을 원하지 않았다. 책구매로 스트레스를 풀었던 엄마만 있었을 뿐이다.

그동안의 경험을 되돌아보면 책을 읽는 아이로 키우기 위해서 많은 책이 반드시 필요한 것은 아니다. 과하게 많은 책은 아이에게 그저 전시용으로 전락하게 된다. 무리할 필요 없이 집은 그저 책이 있는 환경이면 된다. 하지만 10권도 안 되는 책으로는 책 읽는 습관을 길러주기엔 부족하다. 글밥이 없는 그림책은 하루에 10권도 충분히 읽어줄 수 있기 때문이다.

아이들에게는 책을 볼 수 있는 편안하고 여유 있는 공간이 필요하다. 온 집 안이 책으로 가득 차서 책을 옆으로 쌓아두는 집들도 많은데, 아이들에겐 적당한 양의 책과 편히 앉아서 볼 수 있는 의자나 소파가 있어야 한다. 요즘 유행하는 미니멀리즘을 책에도 적용하여 다 본 책들을 정리한 뒤에 새로운 책을 구매하고, 도서관 대여도 적극적으로 활용하면, 꼭 많은 양의 책을 구비하지 않아도 아이들에게 책을 충분히 공급할 수 있다.

책장 한 칸은 아이만의 공간으로 꾸미기

가족들이 거실에서 주로 생활하기 때문에 아이의 책장은 방보다는 거실에 두는 것이 책을 자주 보게 하는 방법이다. 방에 있는 책을 자주 보게 하고 싶다면, 부모가 방에서 생활을 많이 하면 된다. 눈에서 멀어지면 마음도 멀어지듯이 책도 마찬가지다. 눈에 보여야 읽어주게 되고, 읽게 된다. 그런데 아이가 책장이 거실에 있어도 책 근처에도 가지 않는다면 어떻게 해야 할까? 표지를 볼 수 있게 전면 책장으로 꾸미는 것도 방법이지만, 이 방법도 그리 오래가지 않는다. 많은 효과를 본 것은 바로 책장 한 칸을 아이를 위한 공간으로 바꿔준 것이다.

책 꽂을 데도 없는데 한 칸을 아예 비우라니, 책이 많다면 그 한 칸조차 아쉬울 수 있지만, 소전집 한 질 정도밖에 들어가지 않기 때문에 그 정도는 다른 곳에 보관할 수 있을 것이다. 비워진 한 칸에는 아이의 이름을 적어두고, 좋아하는 장난감이나 책을 두게 한다. 보통 여자 아이들은 인형을 두고, 남자 아이들은 자동차나 공룡을 두곤 한다. 아이는 나만의 공간이 생긴 만큼 자주 그곳을 들여다보게 된다. 아이가 좋아하는 책 몇 권을 두고, 주변 칸에는 평소 아이가 봐야 할 책들을 꽂아두면 효과적이다. 책장 근처를 오가면서 장난감도 살펴보겠지만, 책도 보게 될 것이다. 이 방법도 시간이 지나면 효과는 떨어지게 되어 있다. 그럴 때는 해당 칸의 위치를 다른 칸 또는 아이 방에 있는 책장으로 옮기면 아이들은 새롭게 느끼곤

책장 한 편에 만든 아이만의 공간

한다.

아이가 한글을 떼고, 읽기 독립이 되면 책장 한 칸은 '이번 주 읽은 책'으로 꽂아두자. 아이가 스스로 읽은 책에 대한 성취감도 생기고, 부모는 평소 아이가 어떤 책을 즐겨 보는지 알 수 있게 된다. 책장 속에 있는 아이만의 공간은 책과 친해지게 하는 방법이 될 수 있다.

호기심 해결을 통한 내적 동기 만들기

"아빠, 밤은 왜 깜깜해요?"라고 자녀가 질문을 던졌을 때, 보통은 "해가 지니 밤이 깜깜해졌지"라고 바로 답을 해주거나, 스마트폰을 이용하여 검색해서 알려줄 것이다. 아이는 질문에 대한 답을 들었을 때 그 답을 잘 기억하고 있을까? 아니면 답을 찾는 과정을 잘 기억하고 있을까? 아이가 질문했던 것을 나중에 다시 물어보면 어떤 답이 돌아올까? "그때 아빠가 얘기도 해주고, 폰으로 검색도 했는데요. 지구가 움직인다고 했던 것 같은데 잘 생각은 안 나요"라고 하는 경우도 있을 것이다. 아이들은 답은 곧바로 생각이 나지 않아도 어떻게 찾았는지 그 과정은 쉽게 기억해낸다.

호기심이 생기는 시기에는 아이는 '왜?'라는 질문을 많이 하게 된다. 이때가 바로 책을 활용하는 방법을 알려줄 수 있는 시기다. 책을 왜 읽어야 하는지 모르는 아이들이 많다. 많은 부모들이 어떻게 독서에 동기 부여를 해야 하는지 고민하는데, 책을 100권 읽으면 장난감을 사주는 것과 같은 물리적인 보상은 그리 오래가지 않는다. 책을 통해 아이가 호기심을 스스로 해결했을 때 비로소 독서에 동기를 얻는다. 아이가 질문을 할 때는 바로 답해주기보다 책에서 답을 찾을 수 있도록 도와주는 것을 추천한다. 집에 관련 책이 없다면 도서관에서 함께 찾아보자. 그 경험으로 다른 궁금증이 생겼을 때에도 책을 활용하려고 할 것이다. 쉽게 얻은 답은 쉽게 잊히지만, 어렵게 얻은 답은 오래 기억에 남는 법이다. 해답을 책에서 찾아낸 기쁨이 아이들 마음속에 오래 남아 있을 것이다.

책을 읽고 싶은 물리적 환경을 만들어요

아이에게 독서 습관을 길러주려면 집에 책이 있어야 한다. 도서관에서 빌려온 책으로만 독서 습관을 들이는 것은 쉬운 일이 아니다. 아이들도 내 물건에 대한 애착이 있듯이 책도 내 책일 때 조금 더 소중하게 다루게 된다. 또한 보고 싶을 때 언제든지 볼 수 있으므로 반복 효과*도 있다. 애서가로 자라게 하는 첫 걸음이 바로 내 아이만의 책장을 만들어주는 것이 아닐까.

집집마다 책을 정리하는 방법은 모두 다르다. 책이 너무 많아서 정리가 안 되어 스트레스를 받는가 하면, 아이의 관심 밖인 물려받은 책도 언젠가 읽을 것 같다는 생각에 막상 버리기도 어려워한다. 또한 아이 책뿐만 아니라 부모의 책도 많아서 많은 책들이 감당이

---

* 자극이나 정보가 반복 제시됨으로써 발생하는 효과로 학습에서는 정보가 반복적으로 제시될수록 학습능률이 향상된다는 이론

안 된다고 하기도 한다. 그렇다면 아래의 방법으로 책을 정리해보자. 여러 방법을 활용하다 보면 독서 습관도 길러줄 수 있다.

책보다 재미있는 환경 정리하기

보통 사람들은 할 일이 없어 무료하게 시간을 보내고 나서야 책을 본다는 말이 있다. 그만큼 책보다 더 재미있는 놀 거리가 많이 있기 때문이다. 예전에는 여가 시간을 TV에 할애하여 책을 잘 안 보게 되었다는 말을 하지만, 요즘은 스마트기기와 컴퓨터 게임에 시간을 보내는 것이 재미있다고 하는 아이가 많이 늘었다. 아이들은 심심해야 무엇을 해야 할지 고민하게 된다. "엄마, 심심해요"라는 말을 아이가 한 적이 없다면, 집에는 재미있는 환경이 넘치거나, 아이 스스로 심심한 환경에 적응하여 혼자 시간을 보낼 수 있는 방법을 알고 있다는 것이다. 심심해야 집에 있는 재료를 가지고 만들기를 할 수도 있고, 그림책을 골라서 볼 수도 있다. 아이가 책을 잘 보지 않는다면 무엇을 하면서 시간을 보내는지 파악해보자.

유아가 스스로 재미있는 활동의 시간을 조절하는 것은 쉬운 일이 아니다. 그렇기 때문에 부모가 재미를 제공하는 환경을 정리해주어야 한다. 첫 번째는 지나치게 많은 장난감을 정리하는 일이다. 책장 앞에 장난감 바구니가 있다고 하자. 아무리 재미있는 책이 책장이 있다고 한들 아이들은 접근이 쉽고, 눈에 들어오는 장난감을 먼저 선택하여 놀 것이다. 집에 책보다 장난감이 많다면 정리해보자. 갖고 있는 장난감을 모두 없애도 또 생기는 것이 장난감이다. 주기적으로 필요하지 않은 장난감들은 처분하며, 책을 보는 공간과 장난감으로 놀 수 있는 공간을 분리해주는 것이 책 보는 시간을 늘릴 수 있는 지름길이다.

두 번째는 영상 시청 시간을 제한하는 것이다. 거실에서 TV를 치우라고 하는 것은 옛말이다. 물론 TV를 보지 않으면, 책을 보는 시간은 눈에 띄게 늘어난다. 하지만 요즘 TV는 단순히 공중파 방송만 보는 것이 아니라, 교육용 영상 자료를 출력하는 용도로 활용하는 경우도 많기 때문에 극단적으로 제거할 필요는 없다. 집에 TV가 없어도 스마트 기기가 있기 때문에 부모가 마음만 먹으면 언제든지 아이들이 영상을 접할 수 있는 환경에 놓여 있다. TV를 없애지 말라고 하는 이유는 영어, 중국어와 같은 어학 분야, 과학이나 예술 분야는 영상 자료를 활용하는 것이 효과적일 때가 있기 때문인데 스마트 기기는 중독성이 있어서 TV처럼 큰 화면으로 부모가 시간적인 제한을 두고 보여주어야 한다. 이 또한 통제가 어렵다면 그때는 TV도 없애는 방법을 생각해봐야 한다.

잘 보지 않는 책 정리하기

"아기 때 보던 책은 언제 정리하는 것이 좋을까요? 한글 뗄 때까지 가지고 있어야 하나요?"

이런 질문을 한다는 것은 이미 그 책이 엄마의 마음에서 떠났다고 볼 수 있다. 현재 잘 보고, 잘 읽어주는 책이라면 정리해야겠다는 생각이 들지 않는다. 많은 엄마들이 책은 쉽게 사지만, 처분하는 것은 어려워한다. 제대로 활용을 못했다며 아쉬운 마음에 더 갖고 있고 싶어 하지만, 이젠 정리가 필요하다고 생각된다면 정리해도 좋다. 소장 가치가 있어서 구매한 책이라고 하더라도 시간이 지나면 마음이 바뀌기 마련이다. 아이가 성장하면 더 이상 필요가 없어지는 책도 있다. 돌 전에 가장 많이 구매하는 책인 '달님 안녕'(한림출판사)은 소장 가치가 있는 좋은 책이라 아이들이 즐겨 보지만, 5세 이상이 되면 보는 횟수가 현저하게 줄어들거나 아예 보지 않는 경우도 있을 것이다. 책은 아이의 정서 수준과 함께 가기 때문에 더 이상 책을 보지 않는다면 정리하자. 물론 도서관이나 친구 집에서 이 책을 다시 만난다면 반가워하겠지만, 그렇다고 정리한 책에 대해 후회할 필요는 없다. 어릴 때 자주 봤던 책들을 기억하고 있다는 것만으로도 책을 잘 읽었다고 생각하면 그만이다.

너무 많은 책은 부모나 아이에게 서로 부담이 되고, 짐이 되기 때문에 소화할 수 있는 만큼 책을 갖고 있는 것이 좋다. 먼저 책을 정리하는 기준을 정해야 하는데, 단행본은 낱권 하나이기 때문에 좋아하는 책이 있다면 연령에 맞지 않아도 몇 권 소장하는 것쯤은 문제가 되지 않는다. 문제는 전집이다. 50권부터 100권 세트까지 다양하다. 전집 한 세트 중에서 아이가 5분의 1 이상 읽었다면, 다른 책들도 읽을 확률이 높다. 이 책들은 그대로 두어도 좋다. 아이가 4세인데 6, 7세에 즐겨 보는 전래 동화를 읽지 않는다면 당연한 일이다. 연령에 비해 난이도가 높은 책이 많다면 한 질 정도만 남겨두고, 잠시 다른 곳에 보관해두었다가 재미있게 볼 수 있는 연령이 되었을 때 꺼내주어도 좋다. 하지만 4세 아이에 꼭 맞는 생활 동화인데도 부모도 아이도 6개월 이상 손을 대지 않는 전집은 정리를 해도 좋다는 생각이다. 이런 책들은 시간이 지나도 읽게 되는 법이 거의 없다. 만약에 너무 아까워서 읽혀야겠다는 생각이 든다면, 한 권씩 읽어주면서 읽은 책은 책장에 다시 꽂지 않고, 바구니나 정리할 박스에 보관하자.

집에 있는 책들은 순환이 잘 이루어지게 해야 책 읽는 환경에 도움이 된다. 집에 소장하는 책 권수에 기준을 정해 놓자. 소장 권수는 500권, 1000권, 2000권 등 집집마다 기준이 다르기 때문에 부부가 상의해서 수용 가능한 책의 권수를 정한다. 정해놓은 책의 권수만큼 다 채워졌다면, 새 책을 사고 싶을 때에는 기존에 있던 책을 새로 구매하는 책 권수만큼 정리하는 것이 좋다. 정리할 책을 고민하게 되고, 새 책을 사는 것도 신중해지기 때문에 충동구매를 줄일 수 있다. 특히 아이가 6~7세가 되면 독서보다는 다른 교육에 관심이 집중되고, 한글을 다 뗀 뒤 유아 책을 정리해야겠다는 생각에 집 안이 책들은 정체되기 쉽다. 이때부터 책은 짐이 되고, 잘 읽지 않게 된다. 이 시기에는 정서에 맞지 않는 책들을 중심으로 정리하고, 도서관에서 책을 대여해서 읽고, 반납하는 방법으로 책을 순환시키는 것도 좋은 방법이다. 집에는 과하지 않은 정도로 책이 있어야 자연스럽게 순환이 이루어질 것이다.

아이 눈높이에 맞춰서 배치하기

책을 어떻게 배치하느냐에 따라서 책에 관심 없던 아이들도 보게 할 수 있다. 아이들은 눈에 보여야 움직이게 되어 있다. 아무리 좋아하는 장난감이라도 눈에 보이지 않는 곳에 둔다면 일부러 찾아서 놀기는 힘들다. 책도 마찬가지다. 눈에 보여야 관심을 가지고 선택할 수 있다. 하지만 아직 책에 재미를 느끼지 못했다면 선뜻 꺼내 읽기는 어려울 것이다. 아이가 아직 어리다면 책 표지를 보여주며 흥미를 끌 수 있다. 이때는 전면 책장을 활용해도 좋고, 거실에 책을 기대어둘 수 있는 곳이 있다면 책 표지가 보이도록 진열하는 것도 좋다.

첫째가 4살이 되었을 때, 아이가 보는 우리 집 책장의 모습은 어떨지 생각하며, 아이 키와 같은 눈높이로 쪼그리고 앉아서 온 집 안을 걸어 다녀 보았다. 내가 그동안 얼마나 아이를 위해 배려를 하지 않고 살았는지 한눈에 보이는 순간이었다. 그 다음부터는 아이 눈높이에 맞추어 책이나 교구 위치를 바꾸었더니, 이전보다 훨씬 편하게 잘 노는 아이의 모습을 볼 수 있었다.

아이의 책은 일반 5단 책장을 기준으로 맨 아래에서 두 번째 칸에 배치하는 것이 가장 좋다. 현재 아이의 연령에 잘 맞는 책은 두 번째 칸에 두고, 보드북이나 조작북은 맨 아래 칸에 배치하도록 한다. 생각보다 아이들은 맨 아래에 있는 책은 잘 손대지 않기 때문에 장난감을 보관하는 바구니나 놀잇감으로 활용할 수 있는 재미있는 책, 즉 앉아서 가지고 놀 수 있는 책들을 두는 것이 좋다. 아래에서 세 번째 칸에는 아이의 현재 수준보다 조금 더 난이도 있는 책들을 둔다.

부모의 책

6~7세 연령보다
높은 수준의 책

6~7세 연령에 잘 맞는 책
또는 3~5세 연령보다 높은 수준의 책

3~5세 연령에 잘 맞는 책

장난감 또는 놀이책

아이가 성장하면 책의 위치도 바꿔주자. 6~7세가 되면 두 번째 칸이 아닌 세 번째 칸에 자주 보는 책을 배치해야 한다. 아이 눈높이에 맞춰 책을 배치하다 보면 책장이 부족하다고 느낄 것이다. 그렇다고 해서 무리하게 책장을 늘릴 필요는 없다. 현재 잘 보는 책 다섯 질 정도면 아이 눈높이에 두기 적당하다. 앞서 말했듯이 책은 순환이 필요하다. 집에 있는 책이 책장에 모두 꽂혀 있다고 해서 그 책을 아이가 모두 보는 것은 아니니 불필요하게 책장을 늘리기보다는 꼭 필요한 책들을 선별하여 아이가 잘 볼 수 있는 곳에 두는 것이 필요하다.

분야별로 정리하기

우리나라의 도서 분류 기준은 한국십진분류표[KDC]와 부가기호인 국제표준도서번호^{ISBN}을 바탕으로 한다. 도서관에 가보면 '십진분류법'을 이용하여 책을 쉽게 찾을 수 있도록 분야별로 분류가 되어 있는 것을 알 수 있다. 책마다 각각 청구기호가 붙어 있어 분야별로 책을 쉽고 빠르게 찾을 수 있다. 읽고 싶은 책이 있어서 특정 제목으로 책을 찾는 경우도 있지만 세계사, 과학, 수학 등 제목은 모르지만 읽고 싶은 분야가 있을 때에 도움이 된다. 수학책이 보고 싶다면, 순수과학 분야에서 제목을 보고 책을 고르면 되니 편리하다.

집에서도 이와 같은 방법으로 모든 책을 정리하는 것이 쉬운 일은 아니겠지만, 시도해보는 것을 추천한다. 특히 단행본이 많은 편이라면 십진분류법을 적극 활용하자. 아이들도 책을 쉽게 찾는 방법을 배울 수 있을 것이다. 아이가 어릴 때는 엄마가 주로 활용하겠지만, 도서관을 다니기 시작할 때는 아이에게 알려줘야 할 필요가 있다. 첫째 딸은 십진분류법에 익숙해져서 그런지 도서관에 가면 책을 빨리 찾는 편이고, 장르별 읽고 싶은 책들도 쉽게 선택한다. 십진분류법을 모두 알 필요는 없지만, 굵직한 번호 100, 200, 300 등을 알면 책 찾는 시간이 단축된다. 그리고 자신이 읽고 있는 책이 어느 분야인지 쉽게 알 수 있다. 책이 어떤 분야인지 구분하기 어려울 때에는 책 뒷면 바코드에 있는 ISBN을 확인해보자. 십진분류법에 해당하는 숫자는 바코드 상단의 마지막 세 자리 숫자로 적혀 있다. 예를 들면 '개념수학'^(한림출판사)이라는 책은 뒤에 바코드 상단에 410이라고 적혀 있다. 이를 십진분류표에서 찾아보면 수학 분야라는 것을 알 수 있다. 이처럼 유아 그림책도 분야별로 구분할 수 있기 때문에 집에서도

000	010	020	030	040	050	060	070	080	090
총류	도서학, 서지학	문헌 정보학	백과사전	강연집, 수필집, 연설문집	일반 연속 간행물	일반 학회, 단체, 협회,기관	신문,언론, 저널리즘	일반 전집, 총서	향토자료

100	110	120	130	140	150	160	170	180	190
철학	형이상학		철학의 세계	경학	동양(아시아) 철학, 사항	서양 철학	논리학	심리학	윤리학, 도덕철학

200	210	220	230	240	250	260	270	280	290
종교	비교종교	불교	기독교	도교	천도교	신도	바라문교, 인도교	회교 (이슬람교)	기타 제종교

300	310	320	330	340	350	360	370	380	390
사회 과학	통계학	경제학	사회학, 사회문제	정치학	행정학	법학	교육학	풍속 민속학	국방, 군사학

400	410	420	430	440	450	460	470	480	490
순수 과학	수학	물리학	화학	천문학	지학	광물학	생명과학	식물학	동물학

500	510	520	530	540	550	560	570	580	590
기술 과학	의학	농업, 농학	공학, 공업일반	건축공학	기계공학	전기공학, 전자공학	화학공학	제조업	가정학 및 가정 생활

600	610	620	630	640	650	660	670	680	690
예술	건축술	조각	공예, 장식미술	서예	회화, 도화	사진술	음악	연극	오락, 운동

700	710	720	730	740	750	760	770	780	790
언어	한국어	중국어	일본어	영어	독일어	프랑스어	스페인어	이탈리아어	기타 제어

800	810	820	830	840	850	860	870	880	890
문학	한국 문학	중국 문학	일본 문학	영미 문학	독일 문학	프랑스 문학	스페인 문학	이탈리아 문학	기타 제문학

900	910	920	930	940	950	960	970	980	990
역사	아시아	유럽	아프리카	북 아메리카	남 아메리카	오세 아니아	양극지방	지리	전기

십진분류표

개념수학 책 바코드

정리에 활용할 수 있다. 또한 집에 있는 책을 점검하면서 어느 한 분야에 책이 편중되어 있는 것은 아닌지 확인해볼 수도 있다.

전집은 보통 창작, 전래, 명작, 수학, 과학, 역사 등 분야별로 엮은 것이 많다. 전집이 여러 질이라면 같은 분야끼리 모아서 정리하는 것을 추천한다. 관련 책들은 모여 있으면 책을 읽으면서 연계하기 쉽기 때문이다. 과학 동화는 주제에 따라 자연관찰과 함께 활용하면 아이들의 궁금증을 쉽게 해결할 수 있다. 세계 명작은 세계문화 책과 연계하면 작품의 배경을 쉽게 이해할 수 있는 것처럼 비슷한 장르는 함께 정리하는 것이 도움이 된다.

책 바구니 활용하기

책 바구니는 어떻게 활용해야 할까? 첫 번째로 책장에 꽂기 애매

한 크기의 그림책이나 빅북, 미니북을 바구니에 모아서 보관해보자. 책장도 정리되고, 책을 볼 때 바구니에 든 다른 책도 함께 읽게 하는 효과가 있다.

두 번째로 오늘 읽어야 할 책을 몇 권 정해서 바구니에 담아 거실에 두자. 별거 아닌 방법 같지만, 이 방법을 쓰고 적어도 바구니에 있는 책들은 둘째에게 꼭 읽어주었던 기억이 난다. 아이가 스스로 책을 읽는 경우에도 이 방법이 효과적이다. 스스로 읽기가 되면 자신이 좋아하는 책만 읽게 되는데, 책 바구니에 엄마 아빠의 일일 추천 도서를 1~2권씩 넣어주면 그 책들도 함께 읽는 효과를 볼 수 있다. 부모가 얼마나 관심을 갖고 습관을 길러주느냐에 따라 책을 잘 보게 될 수도 아예 보지 않을 수도 있다. 바구니에 있는 책은 매일 읽을 수 있도록 아이와 약속해보자.

오늘 읽어야 하는 책

세 번째로 책 정리 바구니를 하나 만들자. 아이가 책을 꺼내 보고 다시 제자리에 정리하기란 쉬운 일이 아니다. 대부분 아이들은 책을 봤던 자리에 그대로 책을 펼쳐놓는다. 책 정리용 바구니를 만들고, 오늘 읽은 책을 바구니에 가져다놓게 하자. 그러면 오늘 아이가 읽은 책이 무엇인지도 알 수 있고, 스스로 정리정돈하게 하는 일석이조의 효과를 얻을 수 있다. 아이가 둘 이상이라면 각각 정리 바구니에 이름을 적어두자. 아이 성향에 따라 관심이 없을 수도 있으나 서로 책을 더 많이 읽으려고 경쟁하는 경우도 있다. 책 정리 바구니는 멀리 있으면 활용도가 떨어지니, 책장 근처에 두거나 책장 가장 아래 칸에 두면 된다.

책 정리하는 습관 가르쳐주기

"우리 아이는 책을 읽고 나서 책장에 꽂지 않아요. 봤던 그대로 거실에 펼쳐 놓는 편이라 힘드네요."

집에 책이 많고, 책을 스스로 꺼내 보는 아이들이 있는 집이라면 누구나 이런 고민을 한 번쯤 해봤을 것이다. 책 정리가 안 되어 스트레스를 받는 부모들도 적지 않다. 정리가 잘 안 되는 이유는 두 가지이다. 첫 번째로는 정리할 장소나 공간이 어디인지 모르거나 부족한 경우고, 두 번째는 정리하는 것을 귀찮아하는 경우다.

정리하는 습관을 기르기 위해서 가장 먼저 해야 할 것은 정리할 장소가 최적화되어 있는지 살피는 것이다. 정리 공간을 확보하는 것이 중요한데, 책장 한 칸에 책을 꽉 차게 꽂아두지 말고, 80% 정도만 채우길 바란다. 나도 가끔씩 빨리 정리하고 나가야 하는 경우가 생기면 대충 책을 눕혀서 책장 칸에 아무렇게나 둘 때가 있는데, 아이들은 더하지 않을까?

그래도 책장에 책을 꽂을 수 있는 공간이 충분하다면 정리는 좀 더 수월해진다. 또한 책이 가지런히 정돈되어 있을 때는 환경에 맞

책 정리 전　　　　　　　　　　　책 정리 후

추어 정돈을 하게 되며, 책이 여기저기에 분산되어 있는 경우에는 책을 더 아무데나 두어도 될 것 같은 심리를 갖게 한다. 정리된 환경을 아이에게 보여주어 그 환경이 익숙하게 만들어야 한다. 책을 보고 원래 있던 위치에 꽂아두는 것이 어렵다면, 앞서 소개한 책 바구니를 활용하자. 다 읽은 책은 책 바구니에 두도록 습관만 길러 놓아도 정리가 쉬워진다.

　정리하는 것을 귀찮아하는 습관은 어떻게 해야 할까? 4~5세는 바른 생활 습관을 기를 수 있는 좋은 시기다. 정리하는 것이 귀찮은 것이 아니라 꼭 해야 하는 일이라는 것을 알려주어야 한다. 스스로 정리하는 시간을 자주 경험하게 해주면 도움이 된다. 부모가 책을 읽어준 다음에는 누가 책을 정리할까? 아마 거의 부모가 정리할 것이다. 책을 읽은 다음에는 "서우야, 이 책이 어디 있었을까? 이 책을 집으로 데려다 줄 수 있어?"라고 말해보자. 아이에게 정리를 일이 아니라 놀이처럼 접근하게 할 수 있다. 아이가 유치원생 정도가 되면, 가족끼리 돌아가며 책을 정리하는 독서 당번을 정하는 것도 좋은 방법이다. 독서 당번을 아이들만 하게 해서는 지속적으로 유지되기 어렵기 때문에 부모도 참여해야 한다. 형제자매가 있다면 각자가 할 일에 대한 책임감을 배울 수 있는 기회가 되므로 독서 당번을 정하여 잠자기 전에 정리하는 시간을 주는 것을 추천해본다.

거실의 서재화와 책장 배치

책장을 어디에 두어야 할지 고민이라면? 가장 먼저 추천하고 싶은 곳은 거실이다. 온 가족이 주로 생활하는 공간이기 때문에 다소 산만하더라도 거실에 책을 두면 아이들의 손이 더 잘 간다는 사실은 이미 많이 알고 있을 것이다.

거실에 책장을 놓게 되면 TV를 없애야 하는지 고민이 생긴다. 거실을 서재화 한다고 하여 TV를 꼭 없애야 하는 것은 아니다. 필요에 따라 아이들과 함께 좋은 애니메이션이나 영화도 볼 수 있고, 유튜브와 연동하여 다양한 분야의 정보를 활용하는 도구로 사용이 가능하다. 그러나 거실 책장 배치에서 가장 중요하게 생각해야 할 점은 그 공간이 책 읽기에 가장 적합한 환경이어야 한다는 것이다. 예를 들어 모니터로 사용하는 TV에 게임기를 연결해둔다든지, 의자나 소파가 없어서 편안하게 앉아 있을 공간이 없다면 거실이 책으로 둘러싸여 있어도 서재로서의 기능을 오래 지속하기는 어렵다.

아이의 독서 습관을 길러주고 싶다면 거실을 비롯한 각 방마다 작은 책장 하나 정도는 놓아두길 바란다. 집 안 곳곳에 책장이 있으면 아이가 안방이나, 화장실을 갈 때에도 책과 만날 수 있는 기회가 생긴다. 집에 있는 책들은 난이도로 구분했을 때, 50%는 아이의 정서적 나이와 잘 맞는 책, 30%는 아이가 보기에 쉬운 책, 20%는 현재 정서적 나이보다 어려운 수준의 책들로 구성하는 것이 도움이 된다. 79쪽을 참고해 거실에 있는 책장에서 아이 눈높이에 맞는 위치에는 현재 아이가 잘 보는 책들로 꽂아두고, 맨 아래 칸에는 쉬운 난이도의 책을 배치하는 것이 좋다. 그리고 지금 당장 보기에는 어려워서 다음 해야 활용해야 하는 책들은 아이 눈높이보다 조금 위의 책장을 활용하는 것도 방법이지만, 보통 잠자기 전에 아이들에게 책을 읽어주므로 아이가 자는 방에 있는 책장에 아이가 스스로 이해하기 어려운 책을 배치하는 것도 도움이 된다.

첫째 딸 독서 습관을 만드는 데 큰 역할을 한 것은 바로 주방에 놓은 책장이다. 엄마가 하루 중 가장 많은 시간을 보내는 곳은 주방이다. 아이들은 언제나 엄마 곁에 있기를 바란다. 엄마가 집안일을 하고 있을 때, 아이에게 주방 책꽂이에 있는 책을 꺼내서 보게 하는 것이다. 나는 주방 책장은 전자펜으로 재생이 가능한 책만을 두었다. 엄마가 집안일 하는 동안 전자펜을 이용하여 이야기를 듣게 해도 아이가 상당히 많은 책을 스스로 읽을 수 있다.

식탁 또는 주방에 있는 책장에서 '오늘의 책'이라는 코너를 만들어 서점에 진열된 베스트셀러처럼 책표지가 보이게 전시해둔다. 보통 식탁 위에 책을 한 권 진열해두면, 식사 준비가 한창일 때, 아이는 기다리면서 책을 보기도 하고, 엄마 아빠와 함께 식탁에 앉을 기회가 있을 때에는 대화뿐만 아니라 책을 함께 읽는 시간으로 보내기도 좋다. 책은 물리적 거리가 가까이 있을수록 더 자주 보게 되는 경향이 있다.

식탁 위에 배치된 '오늘의 책' 코너

이렇게 하면 독서는 가족 모두가 참여하는 활동인 것을 어릴 때부터 인식할 수 있으며, 다른 책보다 우선하여 보게 되는 효과도 있다. 책과 책장의 배치만으로도 아이에게 책에 대한 관심도를 높일 수 있다.

04 독서 습관 만들기

공든 탑은 무너지지 않는다

아이를 키우며 힘들 때마다 견디게 해주었던 말은 다름 아닌 '공든 탑이 무너지랴'라는 속담이다. 육아에도 정성이 깃들어야 하는 것처럼 교육에도 부모의 정성이 들어갈 수밖에 없다. 아이가 취학 연령에 가까워지면 대부분 과목별 학습에 관심을 쏟게 되니, 독서도 과목별로 접근하는 추세가 되고 있다. 초등학생이 된 이후에 국어, 수학, 영어 과목을 교육해도 늦은 것은 아니지만, 유아기에 미리 다양한 분야의 책을 접하게 한다면 기초 개념이 있는 상태에서 교육이 이루어지기 때문에 교육도 수월하게 진행할 수 있는 장점이 있다.

첫째 딸을 초등학교에 보내고 나서, 유아기에 가장 잘한 교육이 무엇인지 곰곰이 생각해보았다. 첫 번째는 스스로 책을 읽는 습관을 만들어준 것이고, 두 번째는 영어 교육을 한 것이다. 영어 교육 또한 영어책을 많이 읽혔으니, 결국은 책을 읽는 습관과 관계가 있다고 볼 수 있다.

　책을 잘 읽는 것도 타고나는 걸까? 다른 아이에 비해 언어 감각이 좋은 경우에는 글 읽는 활동에 쉽게 재미를 붙일 수 있겠지만, 독서 습관은 타고나기보다는 길러지는 것이다. 첫째 딸도 처음부터 책을 스스로 잘 본 것은 아니다. 36개월 전에는 내가 책을 읽어주기 전까지 스스로 책을 꺼내어 읽는 일이 흔하지 않았다. 아이가 태어나면서부터 3년을 하루도 거르지 않고, 삼시세끼 밥 먹듯이 책을 읽어주었다. 여행 갈 때도 책 몇 권은 항상 챙겨서 다녔고, 시댁이나 친정 집에 갈 때에도 책을 꼭 가지고 갔다. 매일 꾸준히 책을 읽어줬더니, 처음에는 엄마가 읽어준 책을 주로 꺼내어 보기 시작했다. 책을 보는 아이의 모습을 보며 얼마나 기특하고 뿌듯한 마음이 들었는지 모른다. 그동안 들인 노력을 보상받는 기분이었다. 효과가 나타나니 책 읽어주는 재미가 들어서 조금 더 적극적으로 열심히 책을 읽어주었다. 책을 빨리 읽어주기보다는 아이가 재미를 느낄 수 있도록 공을 들여 천천히 읽어주었다. 대략 천 권 정도의 그림책을 읽어주었을 때 기적 같은 변화가 생겼다.

　아이 스스로 책 보는 것을 좋아하게 되어, 엄마 아빠가 읽어주지 않는 책들에게도 관심을 보이기 시작했고, 40개월 무렵에는 한글도 떠듬떠듬 읽을 수 있게 되었다. 48개월 이후부터는 책을 많이 읽으면서 한글 읽기와 읽기 독립도 자연스럽게 되었다. 초등학생이 된 지금도 시간이 날 때마다 책을 읽는 모습을 보면, 어릴 때 책을 많이 읽어주었던 것이 도움이 되지 않았나 생각한다. 책 읽어주기의 힘을 알기에 30개월인 둘째에게도 천 권 그림책 읽어주기를 도전하면서 공을 들이고 있다. 책에는 전혀 관심 없었던 둘째도 이제는 책 읽어 달라고 말하기도 하고, 책 읽어준다고 하면 어느새 책 한 권을 가지고 쪼르르 오기도 한다.

공을 들인다고 해서 거창하고 어려운 것이 아니다. 내용을 다 알 때까지 반복해서 읽어주는 것도 아니다. 매일 하루에 한 권이라도 다정한 목소리로 책을 읽어주는 부모라면 누구나 공을 들이고 있는 것이 아닐까?

아이와 독서 규칙을 만들어요

공부 습관 만드는 가장 좋은 방법은 매일 정해진 시간과 장소에서 공부를 하는 것이다. 독서도 마찬가지로 매일 정해진 시간과 장소에서 책을 읽으면 습관이 될까?

유아는 두 돌 이전에 이미 부모의 말을 알아듣기 시작하며, 두 돌 이후부터는 생활과 관련된 규칙도 이해할 수 있다. 둘째가 두 돌 무렵, 과일을 너무 좋아해서 밥 대신 과일만 먹으려고 하던 때가 있었다. 밥 먼저 먹고 과일을 먹을 수 있다는 규칙을 가르치는 데에는 생각보다 오랜 시간이 걸리지 않았다. 밥을 먹을 때마다 "밥 먼저 먹고, 그 다음에 과일 먹자"라고 말했고, 약속대로 과일을 꼭 주었기 때문에 딸은 그 규칙을 잘 지켰다.

독서 습관도 마찬가지다. 정해진 시간에 맞추어 정해진 장소에 앉는 규칙 하나만 먼저 실천해보자. 예상컨대 그 규칙은 아이가 아니라, 부모가 지키지 못할 가능성이 더 높다. '꼭 이렇게라도 해서 아이에게 독서 습관을 기르도록 해야 할까?', '그냥 두면 언젠가 자신이 필요로 할 때 알아서 책을 읽지는 않을까?'라는 생각을 할지도 모르겠다. 하지만 필요한데도 뭐가 필요한지 모르고 필요한 것을 책에서 찾은 경험이 없다면 독서를 즐기지 않을 가능성이 크다.

독서 습관은 그냥 저절로 생기지 않는다. 어릴 때부터 부모와 함께 규칙을 정해 책을 읽으며 자연스럽게 습관이 되어야 나중에 책을 읽어주지 않아도 아이가 스스로 책을 읽게 된다. 아이의 독서 습관을 기르기 위해 조금 더 힘을 내어 노력해보자.

아이와 함께 책 읽을 장소 선정하기

거실이라면 아이가 편하게 앉을 수 있는 유아 소파나 의자를 마련하는 것이 도움이 된다. 물론 엄마 아빠 품에 안겨서 책을 볼 수도 있지만, 습관을 들이기 위해서는 아이가 편하게 앉아 있을 곳을 마련하는 것이 좋다. 자세가 편하면 책을 조금 더 오래 볼 수 있는 장점이 있다.

독서 시간 정하기

자녀가 외동이라면 여유가 되는 시간을 독서 시간으로 정하면 된다. 자녀의 연령이나 가정 환경에 따라 다르지만, 최소한 하루 15분은 책 읽어주는 시간을 정해두는 것을 추천한다. 형제자매가 있는 경우는 대부분 첫째 아이보다는 둘째 아이가 독서에 대한 경험치가 부족하다. 독서 시간을 정할 때에는 연년생이 아니라면 첫째와 둘째의 집중 독서 시간을 다르게 확보해야 한다. 첫째가 유치원이나, 학교를 다니는 나이라면 둘째와 둘이 보내는 시간에 틈이 있기 마련이다. 그 시간을 이용하여 둘째의 독서 시간을 정해두는 것이 필요하다. 반대로 둘째가 어린이집을 다니는 시기가 되면, 첫째와 둘이 보내는 시간도 생기게 되니 하루에 15분 정도는 각각 책을 읽어주는 개별적인 시간을 정해놓자. 그래야 아이 정서에 맞는 적절한 책을 읽어줄 수 있다.

매일 읽어주는 부모 습관 기르기

매일 읽어주는 것이 어렵다면 주 3회로 정해도 좋다. 아직 아이들이 어려서 시계를 보지 못할 경우에는 매일 하는 일에 곁들여 책 읽기를 하면 도움이 된다. 유치원은 매일 가는 곳이니, 하원하고 집에 돌아와서 간식을 먹을 때 책을 읽어주는 시간을 갖는다면 잊지 않고 매일 읽어줄 수 있을 것이다. 또는 아이의 목욕 시간 이후에 책 한 권 읽어주기로 규칙을 정해도 습관화하기는 수월할 것이다. 단, 식사 시간에는 책 보는 것은 지양하고 식사 시간에는 가족들과 함께 대화를 하기를 더욱 권장한다.

잠자리 독서

대부분의 아이들은 잠자기 전에 책을 읽어주길 원한다. 밤에는 소음이 줄어들어 조용하고, 잠자기 전이라 편하게 쉬고 싶은 아이들에겐 최적의 독서 시간이라고 볼 수 있다. 일부러 정하지 않아도 자연스럽게 잠자기 전 시간은 하루의 마무리 일과로 책을 읽어주면 습관이 되는 경향이 있다. 부모가 귀찮아서 읽어주지 않는 것이지, 아이들은 언제나 잠자기 전에 이야기를 들을 준비가 되어 있다. 중요한 것은 부모의 컨디션이다.

😊 깔루아의 한마디

매일 잠자기 전에 책을 읽어주는 일은 말이 쉽지 어려운 일이기도 하다. 아이가 생각보다 책에 관심이 생기지 않는다고 하던가, 뭔가 눈에 보이는 결과들이 없을 때는 기운이 빠져서 책 읽어주기를 게을리할 수 있다. 특히 책을 잘 읽어주지도 않는 집 아이가 간판만 보고 한글을 떼었다는 소식을 접하면 그동안 해왔던 책 읽어주기가 수포로 돌아가는 것 같고, 모든 것이 하기 싫어지는 순간이 오기도 한다. 당장 눈앞의 결과물을 바라고 책을 읽어주는 것이 아니기 때문에, 초심을 잊지 않도록 해야 한다. 우리가 처음 독서 습관을 만들어주기 위한 계획을 세웠던 그 시점으로 돌아가려는 노력이 필요하다.

독서 계획표 활용하기

권장하고 싶은 독서 규칙은 매일 또는 주3회 15분 집중 책 읽기, 매일 잠자기 전 30분 책 읽어주기 활동을 하는 것이다. 이런 습관은 아이보다 부모가 먼저 지키는 것이 중요하다. 스티븐 코비[Stephen Richards Covey]의 '성공하는 사람들의 7가지 습관' 책 중에서 2009년 영국

런던대학의 필리파 랠리^{Phillippe lally} 교수 연구팀은 사람들이 행동에 대한 습관이 생기기 시작하는 시간은 평균 21일 정도로 나왔다는 결과가 있다. 그리고 평균 66일이 지나면 그 행동을 하지 않으면 오히려 불편함을 느꼈다고 한다. 그렇다면 아이와 독서 규칙을 세우고, 적어도 21일 동안 유지를 해보는 것은 어떨까? 아래의 계획표를 주 단위로 활용하여 3주 동안 책을 읽었을 경우, 아이가 도장을 찍거나 스티커 붙이기를 하면 책 읽기 습관을 들이는 데 도움이 될 수 있을 것이다.

	월	화	수	목	금	토	일
집중 독서 15분							
잠자리 독서 15분							

여러 분야에 걸쳐 균형 있게 읽어요

유아는 자기중심적 사고를 하는 시기라 자신의 관심사가 중요하다. 남자 아이들은 주로 공룡, 자동차, 장군 등에 푹 빠져 있는 반면에 여자 아이들은 공주, 동물, 애니메이션 캐릭터에 빠져 있는 경우가 많다. 이런 관심사는 책 선택에도 반영되기 마련이다. 남아가 좋아하는 내용은 주로 사회나 과학 책에 편중되어 있으며, 여아는 주로 예쁜 주인공, 이야기가 재미있는 책을 선택하다 보니 창작, 전래, 명작을 보는 비중이 높다. 초등학교 3학년 이상이 되면 책 편식은 더 심해진다. 그동안 봤던 내용을 깊이 있게 보기 시작하기 때문이다. 별에 관심이 많아 어릴 때부터 지구과학 관련 책만 봐왔던 아이가 하루아침에 갑자기 창작 문고만 보는 일은 흔하지 않다.

책 편식이 생기기 전인 유아기와 초등 저학년 기간에 다양한 분야를 골고루 접하게 해야 한다. 여러 분야의 책을 접해본 아이는 새로운 것을 배울 때도 과거의 경험으로 보다 낯설지 않게 시작할 수 있다. 얕고 넓은 지식이 쌓여도 좋으니 책을 골고루 읽게 하자.

창작책과 지식책을 골고루 읽히면 금상첨화겠지만, 만약 두 장르 중에서 어디에 더 비중을 두어야 하냐고 묻는다면 창작책을 조금 더 많이 읽어주는 것이 유아에게 도움이 된다. 창작책과 지식책을 비율로 나타낸다면 6 : 4 정도가 적당하다. 창작책을 많이 읽어주라고 하는 이유는 개념적인 낱말보다는 이야기가 전개되는 과정에서 추상적인 표현을 포함한 다양한 어휘를 경험할 수 있고, 글을 이해하는 능력인 문해력을 높일 수 있기 때문이다. 앞으로 아이들이 성장하면서 보게 될 글은 비문학이 대부분이기에 어릴 때라도 창작책을 많이 읽어주었으면 좋겠다.

위처럼 과학 그림책의 내용을 보면, 아이들이 '미생물'이라는 단어의 뜻을 모르면 이해하기 힘들겠구나 하는 생각이 먼저 들 것이다. 하지만 생물, 미생물과 같은 단어는 그림과 함께 설명해준다면 이해하는 데에 어려울 것이 전혀 없는 문장이다.

반면에 그리스 로마신화 창작책 내용의 일부를 보면 '애가 탔습니다'라는 표현이 나온다. 단어의 의미를 가르쳐주거나 그림이 있어도 아이가 이 감정을 이해하기는 어렵다. 스토리를 통해서 그 상황을 해석해야 하고, 자신의 경험에 비추어 보아야 이해가 더 쉬워진다. 답답하고 안타까웠던 상황에 빗대어 이 표현을 쓴다면 아이는 자연스럽게 의미를 유추할 것이다.

글에는 맥락이라는 것이 있다. 설명문으로 가득 찬 지식책에서 얻을 수 없는 감성적인 표현, 눈에 보이지 않는 추상적인 표현, 철학적인 표현은 다양한 단어로 나타나는데 이것이 아이들이 글을 이해하는 기본적인 힘이 된다. 사랑, 배려, 존중, 외로움, 희망, 행복, 아픔 등 추상적인 표현을 알게 하는 것이 창작책이 주는 이점이다. 책을 읽으며 등장인물이나 스토리 전체의 맥락을 파악하다 보면 이해심이 저절로 생기게 되는 이치다.

아래 책은 생활 속 사회탐구 전집 책 중 일부이다. 봄에 대한 지식을 전달하고자 하지만 문장을 보면 창작 동화에 많이 나오는 표현을 썼다. '몸이 풀리다', '생기가 돌다' 등의 표현은 사실 지식책만 읽어서는 이해하기 어려울 수 있다.

> 봄이 되면 온몸이 나른해져요.
> 겨우내 웅크렸던 몸이 풀리니까요.
> 이럴 땐 들판에 나가 아지랑이도 보고,
> 쑥, 냉이, 달래 같은 봄나물을 캐어요.
> 칼슘과 비타민이 듬뿍 든 봄나물을 먹으면
> 나른했던 몸에 생기가 돌 거예요.
>
> 생활 속 사회 탐구 시리즈 '맑은 날 흐린 날'

이와 같이 창작 그림책을 읽으면 다양한 어휘가 풍부해지는 경험을 하게 될 것이다. 꾸며주는 말, 비유하는 말, 인용하는 말 등에 대해서도 말이다. 지식책만 편중해서 읽다 보면 언젠가 독해가 막히는 날이 올 수밖에 없다. 따라서 창작과 지식책을 균형 있게 읽는 습관을 길러주어야 한다. 방법은 어렵지 않다. 아이가 매일 읽을 책에서 창작책과 지식책을 골고루 선택할 수 있게 해주면 된다.

도서관을 활용해요

도서관 나들이

아이들을 데리고 도서관에 가본 적이 있을 것이다. 보통 집 근처의 도서관을 이용하게 되는데, 보통 5세 이하의 아이들은 도서관에서 지켜야 할 기본적인 규칙을 가르쳐줘도 통제가 안 되는 경우가 많다. 첫째가 4살 때, 집 근처 도서관을 종종 가곤 했었는데, 도서관에서 아이와 함께 책을 보고 오겠다는 야심찬 계획과는 달리 도서관 이곳저곳을 돌아다니는 아이를 따라다니며 뛰지 마라, 조용히 해야 한다는 등의 주의를 주었던 기억이 떠오른다. 도서관에서 아이와 즐거운 책 읽기를 하고 싶었는데, 실패로 돌아간 것 같아서 한동안 도서관에는 나 혼자만 갔었다. 이처럼 즐거운 책 읽기를 하려고 갔다가 훈육만 하고 오게 된다는 부모들도 많다.

그러다 아이가 다섯 살이 되었을 무렵 다시 함께 도서관을 방문하게 되었다. 이후 한 달에 두 번은 도서관에 가서 딸과 함께 책을 보았는데, 자연스럽게 책과 친해질 수 있는 기회를 만들어준 것은 물론 공공장소에서 여럿이 책을 읽는 경험도 쌓을 수 있었다. 유치원

다니는 나이가 되면, 공공질서에 대해서도 배우기 때문에 그 이후로는 즐거운 도서관 나들이를 할 수 있다.

일반 공공도서관도 좋지만 '어린이 도서관'을 활용하는 것도 좋은 방법이다. 어린이를 위해 만들어진 도서관이라 직접 가보면 키즈카페에 온 것 같기도 하고, 아이들을 위한 체험과 전시도 진행되는 경우도 많아서 꼭 책을 읽으러 가는 목적보다는 책과 더불어 문화를 경험하고 오는 느낌을 받는다. 또한 이용자가 대부분 아이와 부모이기 때문에 편안한 마음으로 도서관을 이용할 수 있다. 아이가 설령 큰 소리를 내더라도 일반 도서관과 달리 이해받을 수 있기 때문이다. 이런 이점이 있어 아이가 어리다면 어린이 도서관을 이용하는 것을 적극 추천한다.

국가도서관 통계시스템 - 어린이 도서관 찾기

우리 지역에 도서관이 어디 있는지 잘 모를 경우에는 문화체육관광부의 '국가도서관통계시스템(www.libsta.go.kr/libportal/main/main.do)' 사이트의 도서관 3.0 카테고리 항목에서 지역별로 어린이 도서관 검색이 가능하다. 2018년 기준으로 전국에 396개의 어린이 도서관이 있으니, 가까운 어린이 도서관을 이용해보기를 권장한다.

도서관에서 진행되는 구연동화나 그림책 작가와의 만남, 유아 독후활동 등 준비되어 있는 독서 프로그램에도 참여하면 아이는 도서관에 대한 즐거운 경험과 책에 대한 긍정적인 생각을 갖게 될 것이다.

여행 속 도서관 경험하기

아이들에게 여행지에서 도서관을 만나게 해주는 멋진 경험을 선물하는 것은 어떨까. 도서관에 꼭 책을 보러가야만 하는 것은 아니다. 우리 생활 속에 자리 잡고 있는 문화의 한 영역을 보여주는 것도 좋은 교육이다. 해외여행 중에도 시간적 여유가 된다면 도서관을 방문해보자. 그 나라의 독서 문화를 체험해 볼 수 있는 기회다.

예전에 뉴질랜드를 여행하던 중 길목에 있던 도서관을 발견한 적이 있다. 들어가 보니 놀이방 같은 곳에서 아이들이 자유롭게 책을 읽고 있었다. 우리 아이들의 모습과 크게 다르지 않았다. 무엇보다 도서관이 외진 곳이 아니라 사람들이 자주 다니는 곳에 있어서 접근성이 용이했다. 국내에도 이처럼 아이들과 방문하면 좋은 이색 박물관 몇 곳을 소개한다.

도서관명	주소	홈페이지
청운 문학도서관	서울시 종로구 자하문로 36길 40	www.jfac.or.kr/site/main/ content/chungwoon01
지혜의 숲	경기도 파주시 회동길 145 아시아출판문화정보센터	www.pajubookcity.org
판교 어린이 도서관	성남시 분당구 판교역로 75	www.snlib.go.kr/cpg/index.do
용인 국제 어린이 도서관	경기도 용인시 처인구 동백죽전대로 61	yicf.or.kr/
코엑스 별마당 도서관	서울 강남구 영동대로 513 스타필드 코엑스몰	www.starfield.co.kr/coexmall/ entertainment/library.do
오산 꿈두레 도서관	오산시 세마역로 20	www.osanlibrary.go.kr/ kkumdure/main.do
제주 코루도서관	제주특별자치도 제주시 조천읍 와산1길 23-42	www.instagram.com/library_ koru/
부산 다대도서관	부산광역시 사하구 다대낙조2 길 9 다대도서관	dadaelib.saha.go.kr
대구 삼덕마루 작은 도서관	대구광역시 중구 동덕로26길 103	http://lib.jung.daegu.kr/ contents.do?idx=76
강릉 임영관 작은 도서관	강원도 강릉시 임영로 131번길 6	없음
순천 기적의 도서관	전라남도 순천시 해룡면 기적 의도서관길 60 기적의도서관	https://miracle.sc.go.kr/
대전 문학마을 도서관	대전광역시 유성구 어은로 22	www.yuseong.go.kr/ ?p=457772

이색 도서관 목록

도서관 책 대출하기

유아기에는 도서관에서 책을 대출하는 것이 좋을까? 구매하는 것이 좋을까? 마음 같아서는 모든 책을 사주고 싶지만, 많은 책을 다 사줄 수도 없으니 필요시에는 도서관에서 책을 빌려 보기도 해야 할 것이다. 하지만 아이가 5세 이하라면 책 대출은 부담스러울 수 있다. 깔끔한 성격의 부모 중에서는 위생상의 문제로 어린 아이들에겐 다른 사람이 읽었던 책들을 보여주지 않는 경우도 있고, 아이가 책을 보다가 실수로 찢거나 음료를 쏟아 훼손할 가능성도 높기 때문에 대출한 책을 선호하지 않기도 한다. 세 돌 전에 보는 책들은 주로 보드북이라 무게도 무겁고, 글밥도 많지 않기 때문에 10권을 빌려와도 하루 만에 금방 읽어버린다. 오늘 도서관에서 빌려왔다고 하더라도 내일 또 반납을 하러가는 일이 번거롭게 느껴지기도 한다. 도서관이 가깝다면 잘 활용할 수 있겠지만, 차를 타고 갈 정도의 거리라면 책 대출은 결코 쉬운 일이 아니다. 그럼에도 불구하고 도서관을 이용하자고 권하고 싶다. 도서관에서 얻을 수 있는 이점도 많기 때문이다.

아이가 어릴 때에는 한 달에 한 번이라도 도서관 가는 날을 정하여 일정 시간 도서관에서 책을 읽다가 오면 좋다. 한 달에 한 번조차 어렵다면, 3개월에 한 번이라도 가보자. 5세 이상이 되면 어느 정도 글밥이 있는 양장본 책들을 볼 수 있는데, 그림책의 재미에 푹 빠졌을 때에는 도서관에서 책을 대출하여 꾸준히 읽는 것을 추천한다. 도서관에서 빌린 책은 2주 동안 볼 수 있고, 1주 연장이 가능하다. 책을 대출해서 오면 반납하러 또 가야 하기 때문에 꾸준히 빌릴 수 있는 장점이 있다.

어린 동생이 있거나 워킹맘이라 평일에 도서관을 가기 힘들다면, 주말을 활용하자. 월요일이 도서관 휴무일이니 별다른 일정이 없는 주말에는 도서관으로 나들이를 가보는 것은 어떨까? 주기적으로 도서관에 간다면 책과 친해지는 계기가 되고, 궁금한 점이 있으면 책에서 찾아보는 습관을 기를 수 있게 된다.

> **😊 깔루아의 한마디**
>
> 도서관에서 빌려온 책을 다 보지 못하는 경우에는 어떻게 할까? 기한이 되었다면 일단 반납한다. 아이 스스로 책을 선택해서 빌려왔어도, 막상 집에서 읽어보려고 하니 재미가 없는 것 같아서 보지 않는 책도 분명히 있을 것이다. 빌려온 책 전부를 꼭 읽어야 하는 것은 아니다. 보고 싶은 책, 필요한 책만 봐도 좋다. 사실 책이란 것은 처음부터 끝까지 읽어야만 도움이 되는 것은 아니기 때문이다. 어떤 책들은 내용 중에서 몇 줄만 보아도 아이들이 즐거움과 감동을 느낄 수 있다. 도서관에서 빌려온 책을 꼭 다 읽어야 한다는 부담감을 내려놓자. 대출해온 책을 보지 않는다고 해서 도서관의 발길까지 끊지는 않았으면 좋겠다. 중요한 것은 주기적으로 도서관에 가서 책을 살펴보고 대출하는 활동을 한다는 것이다.

시각적으로 독서량을 표시해요

지금 눈앞에 책과 게임기가 있다고 하자. 한 시간 여유 시간을 보낼 수 있다면 무엇을 선택할 것인가? 게임과 독서 중 무엇을 선택하는지는 자신의 경험치에 따라 결정된다. 책을 통해 좋은 경험을 많이 했다면 책을 선택하겠지만 대부분 게임을 선택할 것이다. 이유는 무엇일까? 사람은 누구나 재미있고, 편한 것을 추구한다. 한 시간이라는 제한 시간이 있다면, 짧은 시간에 성과를 얻을 수 있는 것을 택할 것이다. 아이들이 게임을 재미있어 하는 이유는 내가 노력하는 만큼 성과가 즉각적으로 나타나기 때문이다. 하지만 책은 다 읽어도 나의 인문학적 소양이 얼마나 쌓였는지 눈으로 확인할 수 없다. 그렇다 보니 책에서 성취감은 어떻게 얻어야 하는지, 동기 부여는 어떻게 해야 하는지 고민하는 부모들이 많다.

아이가 책을 얼마나 읽었는지 결과를 눈에 보이도록 한다면 어떨까? 목표를 달성했을 때, 적절한 보상을 준다면 책 읽기도 게임처럼 즐길 수 있게 될 것이다. 이런 방법들이 효과가 있는 이유는 목표를 향해서 매일 읽다 보면 어느새 습관이 되어버리기 때문이다. 처음엔 보상을 주겠다고 했지만, 아이들은 보상을 바라기보다는 뭔가를 해내는 과정에서 큰 즐거움을 얻는다. 책은 보상의 수단이 되게 해서는 안 된다. 유아들에게 적절한 보상은 장난감, 과자류 등 물질적인 것보다는 엄마 아빠와 놀이 시간 30분, 숲 체험 가기, 화분 키우기 등 부모와 아이가 함께 공유할 수 있고, 시간이 없어서 평소에 해보지 못했던 놀이를 경험하게 해주는 것이 좋다.

독서량을 눈에 보이게 하려면 어떻게 해야 할까? 아이가 5세 이하라면 '스티커판 채우기'나 '내 키만큼 책 쌓기'를 목표로 하는 것도 좋은 방법이다. 스티커판 채우기는 처음에는 성취감을 주기 위해서 30개, 50개 100개로 늘려서 활용하면 도움이 된다. 시중에 판매하는 스티커판을 구매해도 좋지만, 색종이 또는 A4 용지에 칸을 그려

100까지 스티커 책 등에 붙이기

서 활용해도 좋다. 칭찬 스티커판이 잘 유지가 되지 않는 아이라면 책을 읽을 때마다 손등에 도장을 찍어주는 보상도 책에 관심을 갖게 하는 동기가 될 수 있다.

6~7세에는 1~100까지 적혀 있는 스티커를 이용하여 책을 읽을 때마다 책등에 숫자를 하나씩 붙여서 100권까지 달성해보자. 또한 어플을 활용하는 방법도 있다. 안드로이드 어플 '천권 읽기'는 읽은 책의 바코드나 제목으로 입력하는 방식으로 목표량에 얼마만큼 도달했는지 한눈에 볼 수 있다. 이와 같은 활동은 아이 스스로 책을 읽게 하면서 오래 지속할 수 있는 방법이다.

천권 읽기 어플

작은 목표에서 시작하는
천 권 읽어 주기

천 권 읽기를 하려면 작은 목표부터 시작한다. 작은 목표를 여러 회 달성했을 때 천 권 읽기가 완성되도록 한다. 단, 목표 기간을 너무 촉박하게 계획하면, 계획대로 일이 진행되지 않았을 때 쉽게 포기하게 된다. 기간은 넉넉하게 계획하는 것이 성공할 확률이 높다.

❶ 천권 읽기 목표 기간 정하기

- 하루5권 × 20일 = 100권 달성 (1개월을 주말 제외하고 20일 기준으로 정함)
- (하루5권 × 20일 = 100권 달성) × 10개월 = 1000권
- 목표 기간을 수직선 그래프로 적어보기

100권 읽기가 완료된 다음에 200권 읽기에 대한 목표 기간을 정한다. 계획과 목표는 촘촘할 때, 잘 지켜진다.

😊 깔루아의 한마디

아이에게 천 권의 책을 읽어준다는 것은 생각보다 쉬운 일은 아니지만, 일단 해보면 그리 어려운 일도 아니다. 유아는 책을 반복해서 보는 경향이 많기 때문에, 반복 횟수도 포함하여 천 권 읽기를 진행하면 된다. 막연하게 '천 권을 읽어줘야겠다' 하고 생각하여 시작한다면, 책을 많이 읽어주는 것 같아도 정작 어떤 책을 얼마나 많이 읽어주는지는 알지 못한다. 계획을 세워 책 읽어주기를 실천해보자.

➋ 읽을 책 목록 만들기

보이는 책을 아무거나 읽어주는 것이 아니라 읽어줄 책을 분야별로 미리 정해 두면 다양한 분야의 책을 골고루 읽힐 수 있는 장점이 있다. 분야는 전집이나 시리즈 중심으로 적어두고, 단행본은 기타 항목으로 관리하는 것이 편리하다. 책 목록은 소장하고 있는 책, 도서관이나 도서 대여점에서 빌려 볼 책도 적어 둔다. 상황에 따라 300~500권 정도 되는 양의 전집 또는 단행본 목록이 있다 면, 아이들이 책을 반복하여 보기 때문에 천 권 읽기를 수월하게 할 수 있다.

분야	책 목록
창작	이야기 솜사탕 (50권), 글끼말끼 (70권), 탄탄 세계테마동화 (70권)
자연관찰	프뢰벨 생생다큐 (50권)
일상 사회	안녕 마음아 (50권), 글뿌리 성장발달동화 (60권)
수학	똑똑 수학 단추 (32권)
전래	요술항아리 (67권)
기타	단행본 (100권)

예시 5세 유아 기준

➌ 독서 시간과 독서량 정하기

천 권 읽기의 가장 큰 장점은 책 읽는 습관이 길러진다는 것이다. 일단, 독서 시작 시간만 정해두자. '하루 30분 읽어주기'와 같은 계획은 실천으로 이어지 기 어렵다. 아이가 잠자는 시간 30분 전부터 시작하는 것을 권하는 편이다. 매 일 5권씩 읽어주면 좋겠지만, 책을 못 읽어주는 날이 있을 수 있다. 주말은 계 획을 따로 세우지 않고, 읽어줄 수 있는 만큼 읽어준다든지 또는 월요일부터 금요일까지 매일 5권씩 읽어주기로 계획하고, 다 못 읽어준 날이 있다면 주말 에 그만큼 채워서 읽어주자. 매일 5권이라는 권수는 1년 안에 천 권 읽기를 끝 낼 수 있는 권장 사항이지, 무조건 그렇게 해야 하는 것은 아니다. 하루 2권이 라도 꾸준히 한다면 언젠가 천 권 읽기에 도달하는 날이 올 것이다.

- 월~금요일 : 오후 8시 독서 시간 시작 (하루 5권 읽어주기)
- 토~일요일 : 오후 8시 독서 시간 시작 (평일에 읽어주지 못한 책도 읽어주기)

④ 기록하기

천 권 읽기를 지치지 않고, 즐겁게 하기 위한 방법으로 기록하는 것을 추천한다. 앞서 제시한 '독서량의 가시화' 파트를 100권 읽기 목표로 다양한 방법(칭찬 스티커판, 100권 책 쌓기, 천권 읽기 어플 등)으로 실천한다면 지루하지 않게 천 권 읽기를 진행할 수 있다. 천 권 읽기 목표로 스티커 1000개 붙일 때까지 기다릴 수 있는 부모도 아이도 많지 않기 때문에 100권을 목표로 하나씩 시도해보길 바란다.

전집은 순서대로 읽어야 하는 것은 아니다. 하지만 순서대로 읽지 않으면 자칫 놓칠 수도 있는 책들도 있기 마련이다. 이럴 경우에는 전집 이름과 권수에 맞게 숫자를 적은 스티커판을 만들어서 읽은 책 번호에 맞추어 스티커를 붙이면 효과적이다.

전집명 : 이야기 솜사탕 (50권)

1	2	3	4	5	6	7	8	9	10
11	12	13	14	15	16	17	18	19	20
21	22	23	24	25	26	27	28	29	30
31	32	33	34	35	36	37	38	39	40
41	42	43	44	45	46	47	48	49	50

Q&A

Q 형제가 많은 경우, 같이 책을 읽어주어도 되나요?

A 독서 습관을 길러주고, 책을 읽어주는 가장 좋은 방법은 각각 아이에 맞춰서 읽어주는 것이 가장 좋은 방법이겠지요? 대부분 첫째에게는 책을 많이 읽어주었지만, 둘째 아이 부터는 그렇게 많이 읽어주지 못하는 것이 현실입니다. 시간적 여유가 많지 않고, 시간이 있다 하더라도 둘째 책 읽기보다는 첫째 아이 독서나 공부에 관심이 더 많기 때문이겠지요.

형제의 나이 터울이 3년이 안 될 경우에는 같이 읽어주어도 좋습니다. 첫째와 둘째 아이에게 맞는 책을 한 권씩 선정하여 함께 읽어주시면 시너지 효과가 납니다. 첫째는 쉬운 책을 접하면서 내용을 이해하는 데 자신감이 생길 수 있으며, 예전에 잘 몰랐거나 기억 못하는 내용을 다시 볼 수 있는 기회가 됩니다. 둘째는 첫째가 보는 어려운 책을 보다 보면 자연스럽게 다음 단계의 책들을 미리 경험하게 되어 난이도를 쉽게 올릴 수 있는 장점이 있으며, 어려운 어휘도 접할 수 있는 기회가 됩니다.

형제의 나이 터울이 3살 이상 차이가 나는 경우에는 각각 시간을 할애하여 따로 읽어주어야 합니다. 첫째에겐 동생의 책이 복습 정도가 아니라 아주 쉬운 책이기 때문에 잠시 옛 추억을 떠올리는 정도의 자극만 될 뿐, 새로운 자극은 거의 없다고 보면 됩니다. 물론 지식책에는 모르는 내용이 나올 수 있으나, 극히 일부분입니다. 아이와 둘만 보낼 수 있는 틈새 시간이 있다면, 그 시간을 활용하여 각각 수준에 맞는 책을 읽어주면 됩니다. 잠자리 독서를 하게 된다면, 책 읽어주는 순서를 정해서 읽어줍니다. 단, 서로에게 책 읽는 시간을 방해해서는 안 된다는 규칙을 정해주세요.

3장

유아를 위한
독서 로드맵

아이의 그릇의 크기와 양을 고려한다

아이가 가진 그릇의 크기와 양을 고려해요

자녀 교육에 있어서 기본적으로 아이의 발달 수준을 고려하겠지만, 가장 중요한 것은 내 아이를 바로 보는 것이다. 또래와 지적 수준과 정서적 수준이 비슷한지 또는 빠르거나 늦지 않은지 객관적인 눈으로 볼 필요가 있다. 내 아이는 사실 부모가 가장 잘 알고 있다.

아이가 또래보다 잘 이해하는 분야가 있다면 안심하고 내버려두어야 할까? 또래보다 부족한 분야가 있다면 그것을 먼저 채워야 할까?

독서로 예를 들어보면, 4살 아이가 백과사전에서 곤충을 찾아보고 그 내용을 읽어달라고 요구한다거나 7살 아이가 돌잡이 수학과 같은 보드북만 본다고 한다면 어떨지 생각해보자. 그대로 두면 아이들 안에 있는 잠재성을 발현시키기 어려울 것이다. 지적 발달이 빠른 아이는 점점 평범해질 것이고, 또래보다 늦은 아이는 학습적으로 부진할 확률이 높아진다. 유아는 무조건적인 조기 교육, 조기 독서가 아닌 적기에 적절한 자극의 교육이 필요하다. 여기에서 말하는 적절한 자극이란 신체적 나이 이외에도 지적 수준과 정서적 나이를 고려한 것을 말한다.

아이들 저마다 갖고 있는 그릇의 크기와 양이 다르기 때문에 개인별 맞춤 교육 로드맵을 설계해야 한다. 다양한 교육 분야 중에서도 유아기의 독서·국어 분야는 아이들의 연령별 수준 편차가 그리 심한 편은 아니다. 보통 언어를 배우는 시기이기 때문에 또래와 비슷한 정서 수준으로 책을 보는 편이다. 한글을 일찍 깨우쳤다고 해서 정서적 수준이 높다고 할 수도 없고, 글은 몰라도 이야기를 듣는 이해력과 사고력이 높은 아이들도 있다. 대게 사고력이 높은 아이들이 정서적 수준도 높은 편이다. 이 아이들은 책을 읽을 때 기본적인 내용뿐만 아니라 사건의 인과관계나 등장인물에 대한 이해도가 높아 '왜?'라는 질문도 많이 하고, 그 답도 스스로 잘 해결한다. 하지만 대부분의 유아는 정서적 나이보다는 관심사에 따라 책을 선택하는 경우가 많기 때문에 아이가 스스로 선택한 책으로 정서 수준을 결정지어서도 안 된다.

큰 지도를 펴놓고 서울에서 부산까지 간다고 했을 때 비행기를 타고 갈 것인지, 버스나 기차를 타고 갈 것인지, 걸어갈 것인지는 상황에 따라 다르다. 독서 로드맵도 마찬가지다. 연령에 따라 언제 어떤 책을 읽어야 하는지 가이드를 참고하되, 내 아이의 정서적 수준과 관심사를 고려하여 적절한 시기에 맞는 책을 선택해야 한다.

02 분야에 따라 다른 독서 로드맵

　아래 표는 연령과 분야별로 추천하는 독서 로드맵이다. 아이의 나이에 맞게 적절한 책을 읽어주면 그 효과는 배가 될 수 있다. 예를 들어 과학에는 관심도 없는 3세 아이에게 매일 과학책을 읽어주는 것보다는 말놀이를 할 수 있는 창작책이나 동요로 된 동시집을 읽어주는 것이 언어 발달에 도움이 되고, 부모도 즐겁게 책을 읽어줄 수 있는 지름길이다.

	1세	2세	3세	4세	5세	6세	7세
창작동화							
자연관찰 동화							
지식 동화							
일상·사회 동화							
수학동화							
과학 원리 동화							
전래·명작 동화							
인물·철학 동화							
백과 사전							
역사·문화 동화							

창작 동화

　태어나서 6세까지는 창작그림책을 주로 볼 것이며, 7세부터는 창작문고판을 보게 된다. 글을 깨우치기 전에는 주로 그림으로 내용을 이해하기 때문에 국내외 작품을 가리지 않고, 선명한 그림으로 된 책들을 보여주면 아이들이 즐겁게 볼 것이다. 말을 배우는 시기에는 의성 의태어가 풍부하게 쓰인 문장으로 된 창작그림책들이 언어 발달에 도움을 준다. 이때는 국내 작가의 작품을 자주 접하게 해주면, 우리말의 아름다움과 즐거움을 깨우치게 할 수 있다. 6세 이상부터는 주인공과 아이의 나이가 같은 책들을 보여주면 공감대가 형성되어 책 읽기에 재미를 붙이게 된다. 이야기 만드는 것을 좋아하는 아이들은 창작동화를 통하여 이야기의 결말을 유추해보는 활동으로 상상력을 키울 수 있다. 뿐만 아니라 창작동화를 많이 읽으면 독해력과 어휘력이 함께 늘기 때문에 취학 후 국어 교과를 학습하는 데도 도움이 된다.

추천 도서 _ 전집

프뢰벨 테마동화, 교원 이야기 솜사탕, 한국 몬테소리 글끼말끼, 그레이트 북스 버니의 세계책방, 웅진 구름 버스 그림책

　창작동화는 전집을 활용하는 것도 좋지만, 아이가 반복하여 즐겨 보는 그림책이 있다면 그 작가의 다른 책들로 확장해주는 것도 책의 재미를 이어줄 수 있는 방법이다. 연령별로 글밥이나 내용의 수준을

단계별로 올려서 읽어주면 자연스럽게 그림책에서 문고판 책으로 연결할 수 있는 장점이 있다.

우리나라 그림책은 그림책 매거진 '가온빛'이라는 사이트에서 만날 수 있다. 작가와 작품 소개를 제공하고 있으니 참고하자.

가온빛   gaonbit.kr/

자연관찰 동화

돌 전후로 책을 보여준다고 한다면 창작 다음으로 우선적으로 보여줘야 할 책은 바로 자연관찰책이다. 아이들은 나를 중심으로 가까운 환경이 안전하다는 것을 깨닫게 되면 오감을 이용하여 탐색하기 시작한다. 자연관찰책은 우리 주변에서 볼 수 있는 동식물과 생태계에 대한 내용을 다루고 있어 아이들의 인지 발달은 물론, 실제로 본 것을 책에서도 만날 수 있다. 예를 들어 놀이터에서 놀다가 개미를 보았을 때 엄마는 '개미'라는 명칭만 알려주는 데에 그칠 수 있다. 그런데 집에 와서 개미 책을 보면, 낮에 함께 보았던 개미 이야기를 주제 삼아 개미의 특징과 일생에 대한 내용들을 접하게 된다. 자연관찰책은 동식물에 대한 호기심을 불러일으키고, 자연의 이치를 배울 수 있는 책이기에 일찍 보여줘도 좋다. 또한 유치원 누리과정이나 초등 통합과정에서 배우는 주제와도 관련이 있어 꾸준히 보는 것이 도움이 된다.

　세밀화를 유심히 보는 활동도 관찰력을 기를 수 있는 방법이다. 아이가 3세 이상이 되면, 부모에게 사자나 토끼, 공룡 등 자신이 좋아하는 동물을 그려달라고 하는 시기가 있다. 생각나는 대로 그려주는 것도 좋지만, 아이들은 부모가 그리는 모습을 유심히 관찰하기 때문에 이때는 세밀화를 보면서 동물의 특징을 살려 그려주자. 자연관찰책도 보게 하면서 그림 그리는 활동으로도 이어지게 할 수 있는 장점이 있다.

　전자펜이나 AR 증강 현실이 가능한 책들은 실감나는 효과음으로 자연의 소리를 접할 수 있는 장점이 있으며, AR 증강 현실은 자연관찰책을 싫어하는 아이들에게도 신기한 마술 같은 재미와 정보를 줄 수 있다. 자연관찰책을 활용하는 가장 좋은 방법은 기회가 되면 직접 자연을 접하게 하는 것이다. 항상 동물원이나 식물원을 갈 수도 없으니 다큐멘터리 동영상이나 전집에 포함된 DVD를 활용하는 것도 자연관찰을 즐겁게 볼 수 있는 방법이 된다. 책 속에 나온 정보를 얻는 것도 중요하지만, 실제로 관찰할 수 있도록 기회를 주는 것이 더 도움이 된다.

추천 도서 _ 전집

블루래빗 생생 자연관찰, 프뢰벨 생생다큐, 명꼬 자연이 통통, 여원미디어 탄탄 자연속으로, 보리 세밀화로 그린 보리아기 그림책, 삼성출판사 내셔널 지오그래픽 키즈

지식 동화

아이를 키우다 보면 "이건 뭐야?" 하고 질문하는 시기가 있다. 보통 3세 무렵이 되는데 시도 때도 없이 반복적으로 물을 때가 많다. 이때가 바로 지식 동화를 처음 접하기 좋은 시기다. 내게 이름이 있듯이 모든 사물과 생물에게도 이름이 있다는 것을 알려주고 설명해주면 조금씩 이해하기 시작한다. 아이가 공을 보면서 이건 뭐냐고 묻는다면, 단순히 '공'이라는 명칭만 알려주는 것이 아니라 공이 가진 고유의 특징을 설명해주고, 공으로 무엇을 할 수 있는지 실생활과 연결 지어 말해준다면 아이의 호기심을 해결해줄 수 있다.

부모가 잘 모르는 부분이 있다면 대충 알려주는 것보다 책에서 찾아서 알려주려고 노력해보자. 아이들은 처음 접한 지식의 내용을 잘 기억하는 특징이 있다. 한 예로 둘째가 〈캐리와 장난감 친구들〉 프로그램을 좋아해 가끔씩 보는데, 그 프로그램에서 코알라가 대나무를 먹는 것 같다며 이야기한 것을 그대로 받아들였다. 그 후로 코알라 그림책을 볼 때마다 대나무를 먹는다고 말해서 코알라는 유칼립투스 잎만 먹는다고 몇 번을 설명해줬는지 모른다. 처음 입력된 정보가 강력하다는 것을 새삼 깨닫고 난 이후로는 가급적 아이에게는 정확한 지식이 들어 있는 자료를 주려고 애쓰기도 했다.

> **추천 도서 _ 전집**
> 웅진 첫 지식 그림책 콩알, 교원 열려라 지식문, 여원미디어 탄탄토리 지식
> 그림책

아이는 모든 것에 호기심을 보이는 것이 아니라, 관심사에 따라 호기심의 대상을 정하기도 한다. 아이가 알고 있는 것보다 확장된 호기심을 자극하기 위해서 사회, 과학, 수학, 문화 등의 기초적인 내용이 들어 있는 유아 지식 동화를 보여주자. 세상을 보는 다양한 시각이 생길 것이다. 보통 유아 지식 동화는 생활에서 쉽게 접할 수 있는 소재를 이용하여 이야기를 만든 내용이 많기 때문에 어렵지 않게 지식책을 이해할 수 있다.

일상·사회 동화

두 돌 이후부터는 바른 생활 습관을 길러주기 위한 가르침이 필요하다. 부모가 모범을 보이는 방법이 가장 좋겠지만, 또래 친구가 예의 없는 태도로 인해 주의를 받는 모습을 보거나, 바른 태도로 칭찬을 받은 모습을 보는 것도 좋은 자극이 될 수 있다. 하지만 항상 그런 상황이 벌어지진 않는다. 바른 생활 습관과 태도는 매일 조금씩 연습하는 것이 중요하다. 꾸준히 연습하면 습관이 되기 때문이다. 아이가 문제 행동을 보일 때, 부모는 상황에 따라 일관되지 않게 아이를 대할 수 있다. 일상·사회 동화는 소아정신과나 유아교육, 심리학 등 전문가의 감수를 받은 책이 많아서 바른 방향의 해결법이 제시되어 있는 편이다. 책을 통해서 아이도 배우지만, 부모도 배우는 점이 많다.

가끔 이런 질문을 받기도 한다. "우리 아이는 친구를 괴롭히지 않는데, 혹시 이런 책을 보고 나쁜 행동을 따라 할까 봐 걱정입니다." 아이들이 재미 삼아서 일시적으로 따라 해볼 수는 있겠지만, 책에서 바람직한 해결책을 제시하기 때문에 크게 걱정할 필요는 없다. 생활 동화를 통하여 바르지 않은 태도를 갖고 있는 친구들에게 문제를 어떻게 해결해야 할지 알려줄 수도 있고, 문제 상황을 중재하기도 한다. 또한 친구들의 감정을 이해하는 마음도 생기기 때문에 바른 인성을 기르는 데 도움이 된다.

> **추천 도서 _ 전집**
> 더 큰 곰곰이 생활동화, 교원 똑똑 마음단추, 그레이트북스 안녕 마음아

수학 동화

수학 동화를 읽으면 수학을 잘할까? 연령별로 수학 동화를 단계별로 읽어주면 도움은 될 수 있으나, 기본적으로 수학적 개념이 있는 상태에서 책을 볼 때 더 도움이 된다. 이야기를 읽어가면서 함께 문제를 해결하는 과정에서 수학에 흥미를 느끼기 때문이다. 개념이 없는 상태에서 책을 읽게 되면 단순히 이야기만 이해하는 데 그칠 수 있다.

사고력 수학 동화를 먼저 접하게 해 수학의 재미를 알도록 하자. 1부터 100까지 수 개념이 생겼을 때부터는 주제별 수학 동화가 도움이 된다. 아이가 한 자리 수 개념이 있어 '4+2=6'과 같은 연산 문제

개념중심 수학동화	• 수학이 어려운 아이에겐 재미를 주기 어려움 • 기본 개념이 있는 상태에서 본다면 심화 학습으로 이어질 수 있음 〈대표전집 : 누리북스 알파짱 수학동화, 웅진 수학동화〉
스토리텔링 수학동화	• 생활 속에서 수학을 경험할 수 있도록 이야기가 이루어짐 • 책에 선택된 풀이 과정 외에 다른 방법으로도 풀어보려는 노력을 한 다면 사고력에도 도움을 줄 수 있음 • 처음 접하는 수학 동화로 흥미를 이끌 수 있음 〈대표전집 : 한국몬테소리 수담북, 아람 꼬꼬마 수학자〉

를 풀어도 실생활에서 활용하기 전까지는 완벽하다고 볼 수 없다.

수학 동화에서는 위의 식을 보고, '나에게 사탕 4개가 있었는데, 친구가 사탕 2개를 주어서 6개가 되었다'고 스토리텔링이 가능하도록 실생활과 연계하여 설명한다. 또한 두 수의 합이 6이 되는 여러 경우를 찾아보며 다양한 문제 해결법을 제시한다. 이야기로 수학적 개념을 이해할 수 있으면 좋겠지만, 유아기 수학은 구체물로 접하는 것이 먼저다. 책은 구체물을 접하면서 설명이 필요할 때 활용하면 도움이 될 것이다.

과학 동화

아이들이 "이게 뭐야?"라고 질문하는 시기가 지나고, "왜?"라는 질문을 시작할 때가 과학 동화를 보여주기 적합한 때이다. '왜?'라는 질문은 사물의 본질과 원리를 이해하려는 과학적 사고에서 출발

한다. '엄마도 모르니까 그만 물어봐!'가 아닌, 질문의 답을 함께 찾아가보자. 아이들은 관심 있는 대상에 대한 첫인상을 오래 기억하기 때문에 어떻게 접근하는지가 굉장히 중요하다. 부모가 알고 있는 사실이 정확하다는 판단이 서지 않는다면, 과학 동화책을 열어보길 바란다. 여러 학문 분야 중에서도 과학은 처음 잘못된 개념이 머릿속에 입력되면 쉽게 바뀌지 않는 경향이 있다. 그래서 개념부터 제대로 가르쳐 주어야 한다.

과학 동화책은 다른 분야의 책에 비해 선택에 신중을 기해야 한다. 개념 설명이 잘되어 있어야 함은 물론이고, 기존의 가설이나 개념이 바뀌는 경우도 있기 때문에 최근에 발행된 책들을 보길 권장한다. 가장 대표적인 예가 태양계 행성이다. 지금 부모 세대들은 명왕성을 태양계 행성으로 배우고 자랐지만, 명왕성은 2006년 국제천문연맹총회를 통해 왜소행성으로 강등되었다. 그러다 최근에는 혜성일 가능성에 대한 연구 결과가 나오고 있다.

이러한 사례가 종종 있으니, 과학 동화는 최근 발행된 것이면서 실생활과 밀접한 주제로 아이들 눈높이에 맞게 설명이 되어 있는 책으로 선택하는 것이 좋다.

추천 도서 _ 전집
웅진 바나나로켓. 교원 솔루토이 과학. 누리출판사 오렌지 과학동화

전래·명작 동화

유아기에는 모든 사물에 생명이 있고, 의지가 있다고 생각하는 물활론적 사고를 갖고 있다. 그래서 부모보다 더 뛰어난 상상력으로 그림책을 보곤 한다. 유아들은 그림책에 나오는 호랑이나 도깨비를 보면 살아 있다고 생각하기 때문인지 무서워하는 모습을 종종 볼 수 있다. 요즘은 3~4세에 읽어주는 전래·명작 책도 있지만, 아이가 마녀나 도깨비같이 책에 나오는 소재나 등장인물을 무서워한다면 전래와 명작은 천천히 읽어줘도 좋다.

전래·명작과 창작 동화를 비교했을 때 가장 큰 차이점은 무엇일까? 바로 결말이다. 창작은 결말이 정해져 있지 않기 때문에 아이들은 책을 보면서 끝까지 결말을 상상해가며 봐야 한다. 그러나 전래와 명작은 권선징악을 토대로 결말이 대체로 정해져 있다. 그래서 이야기로만 들으면 무서울 수도 있는 '해님달님'도 결말을 예측할 수 있기에 절정 부분에서도 큰 두려움 없이 행복한 결말을 예상하며 이야기를 듣게 된다. 이것이 전래와 명작이 가지는 힘이다. 이야기를 끝까지 듣는 힘은 물론이고, 결말을 미리 예측함으로써 심리적으로 안정감을 느낄 수 있다는 것이 가장 큰 장점이다.

스릴러 영화를 볼 때, 마음이 어떠한가? 결말이 어떻게 될지 모르기 때문에 큰 긴장감을 느끼게 된다. 전래와 명작은 결말이 정해져 있는 스릴러 같은 느낌을 준다. 그렇기 때문에 이야기를 충분히 즐기면서 행복한 결말을 기대할 수 있다. 이는 아이들에게 꿈과 희망을 주는 요소가 되기도 한다. 어렵고 힘든 과정에서도 좋은 결과를 얻을 수 있다는 것을 배우기 때문이다.

전래와 명작은 엄마 아빠가 읽어줘도 좋지만, 때로는 구연동화 CD를 활용하는 것도 좋은 방법이다. 성우들의 구성진 목소리는 옛 날이야기를 맛깔나게 읽어주고, 장면에 따른 효과음은 책에 몰입할 수 있는 환경을 만든다. 책을 선택할 때에는 전래 명작은 초등까지 본다고 하여 일부러 글밥이 많은 책을 선택할 필요는 없다. 현재 아이가 잘 보는 책의 수준에 맞추어 선택하는 것이 바람직하다. 전래 · 명작에는 우리말의 재미를 느낄 수 있는 표현들이 많기 때문에 어휘력을 키우는 데도 도움이 된다.

> **추천 도서 _ 전집**
> 아람 요술항아리 · 요술램프, 꼬네상스 전래 · 명작, 교원 호야토야 전래동화, 3D 애니메이션 명작, 웅진 토토리 세계명작

인물 · 철학 동화

인물과 철학책은 유아기에 반드시 봐야 할 분야의 책은 아니다. 그러나 요즘은 유아 독서 교육에 대한 관심이 활발해지면서 아이들의 책 읽는 수준이 점점 높아지고 있다. 유아기에 보는 인물 책은 깊이보다는 다양성에 초점을 맞추길 바란다. 국내, 세계로 인물을 나누어 꼭 알아야 할 인물에 대해서는 이름과 대표 분야만 알고 있어

도 도움이 된다. 초등 1학년 때에는 세종대왕과 이순신만 알아도 된다고 하지만, 지금이 어떤 시대인가? 유치원생도 스티브 잡스가 어떤 사람인지 아는 시대다. 인물은 생활과 상식이다. 차후에는 진로 활동에 포함이 되겠지만, 지금 유아에게는 중심이 되는 관심사와 관련된 인물을 연결시켜주는 일이 중요하다. 진로 활동은 이것부터 시작이다. 비행기를 좋아하는 아이에게 누가 비행기를 발명했는지, 그 과정을 들려준다면 아이가 재미있어 할까? 인물책을 성공적으로 보여주는 방법은 직접 체험하게 하는 방법과 최근과 가장 가까운 시대의 인물을 접하게 해주는 것이다. 만약 관련 인물이 현재 살아 있다면, 그 인물의 업적을 볼 수 있는 기회를 주는 것이 좋은 방법이다.

유아가 볼 수 있는 철학책의 종류는 많은 편이 아니다. 언어 사고력 발달을 위해 철학 전집을 기획한 출판사들이 꽤 많았던 것도 한때인 것 같다. 철학 동화는 생각하는 힘을 길러주기 위한 주제로 구성되어 있다. 정답은 정해져 있지 않지만, 자신이 내린 결론에 맞는 논리적인 근거를 제시할 줄 알아야 한다. 철학 동화를 아이와 함께 읽으면 가장 좋은 점은 부모가 중요시 여기는 가치관을 자녀에게 자연스럽게 교육할 수 있다는 점이다. 유아를 위한 철학 동화가 아니더라도 도움을 줄 수 있는 책이 탈무드와 이솝 우화다.

이솝 우화는 그저 읽어주는 데 그치지 않고, 아이에게 반드시 질문을 해야 한다. 네가 만약 주인공이라면 어떻게 할 것인지 구체적으로 물어보는 것이다. '여우와 두루미'라는 이솝 우화를 읽어주고 "네가 만약 두루미라면, 여우처럼 자신에게만 편한 그릇을 주겠니?

아니면 여우가 먹기 편한 그릇을 주겠니?"라고 물어보자. 아이가 자신의 생각을 논리적으로 설명할 수 있도록 우리의 지혜를 나누어주어야 한다. 자녀에게 생각할 수 있는 질문을 줄 수 있는 책을 선택하여 가끔씩 아이와 열띤 토론을 해보길 바란다.

추천 도서 _ 전집

아람 인물 세미나, 글뿌리 칸트키즈 철학동화

백과사전

영재들은 유아부터 백과사전을 본다고 하는데, 꼭 백과사전이 필요한 걸까? 아이들이 궁금한 것이 있어서 물어보면 대부분의 부모들은 포털 사이트에서 검색하여 알려주는 경우가 많다. 사이트들은 백과를 탑재하고 있어서 언제 어디서든 정확한 기본 지식을 제공해준다. 그런데 유아에게 궁금한 것을 인터넷으로 찾으라고 하기엔 시기적으로 이르기 때문에 백과사전이 필요하다. 아이가 자주 펼쳐 보고, 그림을 보는 것만으로도 상식이 풍부해질 것이다.

하지만 두껍고 방대한 양의 책을 잘 활용하기란 쉽지 않다. 백과사전은 한 질 정도 있으면 좋겠지만, 활용이 잘 안 될 것 같다는 생각이 든다면 부모가 직접 백과사전을 골라주는 것도 좋은 방법이다. 대표적으로 '도감'을 모으는 것이다. 동물도감, 식물도감, 곤충도감,

어류도감, 놀이도감 등 다양한 도감들을 접하는 것도 좋고, 어린이를 위한 백과사전을 활용하는 것도 좋다. 보통 초등 교과과정을 기반으로 아이 눈높이에 맞추어 쉽게 이해할 수 있도록 만들었기 때문이다.

백과사전이 필수는 아니지만, 아이가 알고 싶어 하는 분야를 책으로 생생하게 보여주고 싶다면 실사가 많이 수록된 백과사전을 선택하여 호기심을 해결하고 새로운 지식을 습득할 수 있도록 활용하면 좋다.

추천 도서 _ 전집
한솔 어린이 백과, 루크 박학다식

역사 · 문화 동화

유아 학부모를 위한 강의를 하면서 알게 된 사실은 수능 과목에 민감하다는 것이다. 한국사가 필수로 변경되면서 유아부터 역사와 문화를 가르쳐야겠다는 사람들이 늘었다. 국사를 그저 외우기만 했던 학부모 세대는 우리처럼 역사를 배우면 안 된다고 말한다. 역사는 배웠지만, 기억나는 것은 고작 삼국시대에 그치는 경우가 많기 때문이다. 하지만 여전히 초등 5학년 이상의 아이들은 역사를 외우기에 바쁜 아이들이 많다. 그들의 부모는 역사책을 아이들에게 주지 않았을까? 재미있는 책을 선택해서 줘도 막상 읽을 시간이 부족하고, 책을 읽어도 무슨 말인지 모르거나, 만화 역사책만 봐서 시대순으로 정리가 안 된다든지 다양한 문제점이 많다. 역사와 문화는 이야기로 접하면 재미있게 시작할 수 있다.

역사도 마찬가지겠지만, 문화에 관련된 책을 일부러 찾아보기보다는 여행을 통해 직접 경험하는 것을 더 추천한다. 우리나라 문화책과 세계문화 책 두 종류를 구비해두고, 여행을 갈 때 또는 가고 싶은 여행지가 있을 때 아이와 함께 활용하면 도움이 된다. 이 책들은 아이보다 부모가 먼저 보았으면 좋겠다. 아이들은 책에서 본 내용보다는 직접 체험하거나 관련된 이야기를 부모로부터 듣는 것을 더 오래 기억하기 때문이다. 책을 읽고 우리나라 전통문화에는 어떤 종류가 있는지 찾아보는 활동도 함께하면 좋을 것이다.

추천 도서 _ 전집
교원 삼국유사 삼국사기, 교원 솔루토이 지리, 연두비 쫑알이 세계문화

연령에 따라 구성하는 독서 로드맵

많은 부모들이 책을 선택할 때 한 페이지에 문장이 몇 줄이 있는지 글밥의 양으로 결정하기도 한다. 여기서 제시하는 로드맵은 글밥도 관계가 있겠지만, 아이 연령과 발달 단계에 맞는 책들로 엄선하였다. 아이에게 맞지 않는 높은 수준의 책을 일찍 읽어준다고 하여 아이의 독해력이나 어휘력이 좋아지는 것은 아니다. 책은 80%의 내용을 이해하는 수준에서 선택하는 것이 바람직하다. 7년간 독서 교육과 강의를 해온 경험을 바탕으로 연령별로 전집을 분류했다. 이는 독서 레벨로 봐도 좋을 것이다.

1단계는 0~3세로, 2단계는 4~5세, 3단계는 6~7세로 분류하였으나, 아이의 독서 수준이 높거나 낮은 경우는 단계별 연령에 해당이 되지 않더라도 수준에 맞추어 읽어주면 도움이 될 것이다. 예를 들어 아이가 5세지만 한글을 스스로 읽을 줄 알고, 전래·명작과 같은 수준의 책을 즐겨 보는 아이라면 3단계인 6~7세 추천 도서를 읽혀서 독서 수준을 한층 더 높일 수 있다. 반대로 5세지만, 그동안 부모가 책을 읽어주었던 경험이 부족했다거나 쉬운 보드북을 즐겨 본다면 1단계 책부터 천천히 수준을 올려가며 책을 읽어주는 것이 아이에게 도움이 될 것이다.

추천 전집이라고 해서 모두 구매해야 하는 것은 아니다. 도서관에서 비치된 책들을 먼저 보여주고, 아이가 좋아하는 책을 중심으로 구입해주면 좋을 것이다. 집에서 독서 교육을 하기 위해서는 어느 정도 책이 구비되어 있어야 하므로 창작 5질과 분야별로 1질 정도가 있으면 아이가 원할 때 읽어줄 수 있는 책은 충분하다. 가능하다면 추천 전집은 대여해서라도 아이에게 한 번쯤은 읽어주었으면 한다. 독서의 즐거움을 알게 되는 특별한 경험을 하게 될 것이다. 아이보다 부모가 먼저 느끼게 될 것이다.

이제 아이의 발달 단계별로 책을 활용하는 방법을 알아보자. 단행본은 연령별로 나누어 부록으로 첨부하였으니 참고하자.

1단계(0~3세)
다양한 언어 자극이 필요한 단계

0~3세 유아를 위한 책은 놀잇감과 비슷하다. 이 시기에는 부모와의 애착관계 형성이 중요하기 때문에 엄마 아빠 품에서 다정한 목소리를 듣는 것만으로도 안정감을 느끼게 된다. 이렇게 얻게 된 안정감은 책을 긍정적으로 생각하게 한다. 놀아달라고 해도 잘 놀아주지

않던 부모들도 아이가 책을 읽어달라고 하면 선뜻 읽어준다. 이런 상황은 아이가 더 먼저 파악한다. 아이의 "책 읽어주세요"는 "놀아주세요"라는 말과 같다. 3세까지는 책과 함께 아이와 즐거운 경험을 하는 것이 중요하다.

1단계 책을 읽는 시기에는 독후활동보다는 책을 반복적으로 재미있게 읽어주는 것에 관심을 가졌으면 좋겠다. 재미있게 읽어주기 위해서는 동요를 불러주거나, 책 내용을 동요 음에 맞추어 읽어주는 것도 좋다. 또한 단어 카드를 이용하면 인지 발달에 도움을 줄 수 있다. 쉽고 반복적인 문장으로 구성된 책을 선택하여 읽어주면 언어 발달에도 도움이 된다. 책 내용에는 없지만, 의성어나 의태어를 추가하여 읽어줘도 좋은 언어 자극이 된다. 안전한 보드북, 재미있는 사운드북, 입체북 등의 조작북을 가지고 함께 놀아주다 보면, 어느새 부모와 경험했던 놀이를 기억하며 혼자서도 책을 잘 가지고 노는 모습을 볼 수 있을 것이다.

책을 읽어주면 처음에는 그림을 열심히 보다가 다른 곳으로 가버리는 아이들이 있다. 이유는 무엇일까? 재미가 없거나 집중할 수 있는 시간이 짧기 때문이다. 아이들이 하나의 활동을 유지하는 데는 재미라는 요소가 큰 영향을 끼친다. 이야기를 끝까지 듣기 힘들어하는 아이에게는 구연동화처럼 실감나게 읽어주거나, 책장을 빨리 넘기며 읽어주면 조금 더 집중하여 보게 된다. 높은 채도나 다양한 색감이 있는 책들은 시각적으로 집중시키는 힘이 있다. 사운드북이나 플랩북처럼 아이의 참여도가 높은 책을 이용하는 것도 좋은 방법이다.

이때 보여주는 창작책들은 아이들의 말문을 트이게 하는데 도움을 준다. 프뢰벨 말하기 책은 '주세요', '고마워', '미안해' 등의 단어를 이용하여 노랫말을 만들어 아이와 함께 부르면서 자연스럽게 단어를 문장으로 이끌어낼 수 있게 한다. 언어 치료 교재로도 쓰일 만큼 언어 자극이 되는 교재다. 창작책은 아이의 관심사에 따라 인물이나 동물이 주인공인 것을 선택하여 보여줘도 좋다. 우리 집 첫째는 이 시기에 동물이 주인공으로 나오는 책보다는 사람이 주인공인 책들을 더 좋아했다. 반면에 둘째는 동물이 주인공으로 나오는 책을 더 좋아하는 것을 보면, 아이마다 좋아하는 주제로 접근하는 것이 1단계에선 중요한 것 같다.

아이가 걷기 시작하면서 바깥 활동이 늘어난다. 자연은 아이들에게 큰 호기심을 불러일으키는데 이때 자연관찰책을 보여주면 인지 발달에도 도움이 된다. 외출 시에는 그 장소에서 볼 수 있는 동물이나 식물에 맞는 자연관찰 카드(동식물 카드) 몇 가지를 챙겨서 나가자. 아이들은 카드에 있는 동식물을 찾는 게임을 하면서 자연과 친해질 수 있다.

0~3세는 지식책을 보여주기에 어린 연령이라고 생각하는 부모들이 많지만, 이 시기에는 아이의 인지 발달을 위해 기본적으로 알아야 할 개념을 심어주어야 한다. 예를 들면 색, 크기, 무게, 길이, 숫자, 동식물 등이 대표적이다. 이때는 지식책을 활용해보자. 생활 속 사물의 명칭을 많이 접하게 하는 것도 필요하다. 두 돌이 지나면 기초 생활 습관을 배우게 된다. 식사 예절, 손 씻기, 양치하는 습관 기

르기, 인사하기, 배변 훈련 등이 대표적이다. 생활에서 배우는 것을 책을 통해서 바르게 익힐 수 있도록 일상·사회 분야의 책을 읽어주는 것도 도움이 된다.

분야	전집 목록
창작 동화	• 블루래빗, 핑크퐁, 애플비 출판사의 놀이책 • 푸름이 까꿍 (푸름이닷컴) • 뽀뽀곰 아기 놀이책 (웅진 주니어) • 프뢰벨 말하기 (프뢰벨) • 차일드 보물상자 (한국 가우스) • 드림 차일드애플 (스마일북스)
자연관찰 동화	• 세밀화로 그린 보리 아기 그림책, 블루래빗 생생 자연관찰
지식 동화	• 돌잡이 한글, 돌잡이 수학, 돌잡이 명화 시리즈 (천재교육) • 네버랜드 과학 그림책 시리즈 (시공주니어) • 첫 지식 그림책 콩알 (웅진다책)
일상·사회 동화	• 곰곰이 생활동화 (더 큰) • 똑똑 마음단추 (교원)

0-3세 추천 전집

2단계(4~5세)
책 읽기에 흥미를 갖기 시작하는 단계

4~5세 때는 책이 재미있다는 것을 알려줘야 하는 시기다. 아이에게 책을 읽어줄 시간적인 여유를 확보하는 것이 우선이다. 집에서 아이가 혼자 놀 때에도 책을 봤으면 좋겠다는 생각이 든다면, 지금

부터 책에 흥미를 가질 수 있도록 관심을 유도해야 한다. 책보다 재미있는 환경이 많다면 책이 재미있는 환경으로 바꾸어보자. 가장 좋은 환경은 앞서 이야기했듯이 책 읽는 부모다. 부모가 먼저 아이의 그림책에 관심을 가진다면 아이들도 자연스럽게 부모를 따라갈 것이다. 형제자매가 있다면, 어린 둘째 때문에 큰 아이에게 책 읽어주는 것을 미루기보다 모두 함께 책을 볼 수 있는 환경을 만들 수 있도록 고민해야 한다.

4~5세는 조잘조잘 이야기를 많이 하는 시기다. 내가 아는 것 또는 할 수 있는 것을 표현하고 싶어 하기 때문에 가족들 앞에서 노래도 부르고, 춤추는 모습을 자주 볼 수 있다. 이때는 문장 안에 흉내내는 말인 의성 의태어가 많이 포함된 창작책을 보여주면 도움이 된다. 우리말의 아름다움을 배울 수 있는 좋은 기회가 되기 때문이다. 동요도 가르쳐주고, 동시집도 접하게 해주어, 내 마음대로 곡을 만들어서 동시를 동요처럼 불러보는 것도 창의력을 키울 수 있는 활동이다.

국내 창작책과 더불어 외국 창작책도 함께 읽어주자. 이야기가 재미있고, 교훈적인 내용이 있으며, 그림에 이야기 내용을 충실히 담겨 있는 책들을 보여주는 것이 좋다. 주로 테마동화가 이 분야에 속하며 칼데콧 상* 수상작 등이 다수 포함되어 있다. 테마동화는 대부분 구연동화 CD가 포함되어 있거나, 전자펜으로 볼 수 있다. 부모가

---

* 칼데콧 상 Caldecott Medal : 매년 여름 미국어린이도서관협회에서 그 전해에 가장 뛰어난 어린이 그림책의 삽화가에게 수여하는 문학상.

읽어주는 것도 좋지만, 성우들이 또박또박 읽어주는 이야기를 귀 기울여 듣다 보면 표준어의 정확한 발음과 억양을 자연스럽게 배울 수 있게 된다. 또한 이야기를 들으면서 머릿속으로 상상한 장면을 그림으로 표현해봐도 재미있는 활동이 될 수 있다.

자연관찰책을 아이 연령에 맞추어 매번 사줄 필요는 없다. 하지만 '왜?'라는 질문을 많이 하기 시작한다면, 구체적인 설명이 포함되어 있고 아이 눈높이에 맞는 책을 보여주는 것이 이해에 도움이 된다. 실사 자연관찰책을 무서워하거나 징그럽다는 이유로 잘 보지 않는 경우에는 세밀화를 보여줘도 좋다. 자연관찰책 중에는 실사와 세밀화가 적절히 섞여 있는 책들도 있으니, 아이가 원하는 책으로 선택하여 읽어주자. 자연관찰을 즐기지 않는 아이들에게는 유튜브에서 관련 영상을 먼저 보여주거나, 직접 관찰하는 체험을 하면 흥미를 가지게 된다.

지식책은 편의상 단계별/연령별로 구분했지만, 아이의 관심사나 수준에 맞게 더 쉬운 책을 보여줘도 되고, 조금 더 깊이 있는 책을 보여줘도 좋다. 단, 부모의 욕심으로 높은 단계의 책만 읽어주면 지식책에는 흥미를 느끼지 못한 채, 다른 분야의 쉬운 책들만 읽을 수도 있다. 책 편식이 생기지 않도록 하는 가장 좋은 방법은 자신의 수준에 적합한 책들을 선별하여 다양하게 읽어보는 것이다. 유아기에 보던 지식책은 유치원 누리과정뿐만 아니라 초등학교 1-2학년 군에 속해 있는 통합 교과인 봄, 여름, 가을, 겨울 과목과도 연계성이 있으니 초등 저학년까지 활용하는 책이라고 보면 좋다.

4~5세가 되면 호기심이 왕성해져 질문을 많이 하게 된다. 이때 그 궁금증에 대한 해답이 수학과 과학 동화 안에 들어 있는 경우가 많다. 도형에 대한 개념이 생기고, 수와 양이 일치하는 시점이 오기 시작하면 수학적 개념이 들어 있는 책도 조금씩 이해가 가기 시작한다. 또한 유아 때 보는 과학 동화책은 책 내용을 그대로 따라 해볼 수 있도록 구성된 책을 선택하는 것도 흥미를 이끌 수 있는 좋은 방법이 된다. '과학은 내 친구'(한림출판사) 시리즈가 대표적이며, 3D 증강 현실을 이용한 책들도 아이들에게 책을 보는 새로운 즐거움을 줄 수 있다. 수학과 과학은 책으로 접하는 것도 좋지만, 경험을 쌓는 시간을 더 많이 가져야 한다. 체험의 기회를 주고 책으로 기본적인 원리를 설명해주자.

전래와 명작을 언제 읽어야 할까? 옛날이야기처럼 접근했다면 0-3세 시기부터도 읽어줄 수 있겠지만, 보통은 5세 이후부터 권장한다. 첫 전래와 명작은 무섭고 어두운 이야기보다는 경쾌하고 교훈이 담긴 책을 먼저 읽어줄 것을 권한다. '혹부리 영감'이나 '미운 오리 새끼'와 같은 작품이 대표적이라고 할 수 있다. 전래와 명작은 이야기 구성이 '발단 - 전개 - 위기 - 절정 - 결말'이 확연하게 드러나는 작품이라 이야기에 흠뻑 빠질 수 있는 좋은 책이다.

분야	전집 목록
창작 동화	• 글끼말끼(한국 몬테소리) • 프뢰벨 테마동화(프뢰벨) • 이야기 솜사탕(교원) • 개구쟁이 특공대 시리즈(꼬마대통령) • 탄탄 세계테마동화(여원미디어)
자연관찰 동화	• 생생다큐(프뢰벨) • 내셔널 지오그래픽 키즈(삼성 출판사)
지식 동화	• 열려라 지식문(교원) • 탄탄토리 지식그림책(여원미디어)
일상 · 사회 동화	• 글뿌리 성장발달동화(글뿌리) • 안녕 마음아(그레이트 북스)
수학 동화	• 똑똑 수학 단추(교원) • 빅키즈 수학(천재교육)
과학 동화	• 바나나로켓(웅진) • 과학은 내 친구 시리즈(한림 출판사)
전래 · 명작 동화	• 요술항아리(아람) • 3D 애니메이션 명작(교원)

4-5세 추천 전집

동요를 동시처럼 부르기

동요는 동시에 곡을 붙여 노래로 만들어진 것이 많다. 아이와 함께 동시를 읽어보고, 음을 넣어서 동시를 동요처럼 불러보는 활동은 말놀이의 즐거움뿐만 아니라 우리글의 아름다움을 경험으로 느끼게 해주는 효과가 있다.

🧑 다영아, 우리 동시도 한 번 읽어보자.

🧒 동시가 뭐예요?

🧑 어린이를 위해 만든 시인데, 동요알지?
어린이들이 부르는 노래 가사와 비슷해.
여기 있는 시를 엄마가 읽어줄게. 잘 들어봐.

토끼야

강소천

토끼야 토끼야
산 속의 토끼야
겨울이 되면은
무얼 먹고 사느냐
흰 눈이 내리면은
무얼 먹고 사느냐

겨울이 되어도
걱정이 없단다
엄마랑 아빠가
여름 동안 모아 논
맛있는 먹이가
얼마든지 있단다

👩 이렇게 읽는 것보다는 음을 넣어서 노래로 만들면 조금 더 재밌겠지?
다영이는 어떻게 불러보고 싶어?

👧 저는 제목이 '토끼야'라서 '산토끼' 노래가 생각나요. 산토끼처럼 불러볼까요?

👩 정말 좋은 생각이다. 우리 산토끼 음에 맞춰서 이 동시를 불러보자.

산토끼 음에 맞춰서 함께 불러본다.

👩 산토끼 노래 음을 세 번 따라 하니 비슷하게 끝나네. 재미있다.
이번엔 어떻게 불러볼까?

👧 아! '두껍아 두껍아 헌 집 줄게 새집 다오'로 불러도 재미있을 것 같아요.

👩 그럼 같이 불러보자. 시작!
산토끼 음보다 조금 더 잘 불러지는 것 같아.
이번엔 우리 다영이가 동시에 맞춰서 노래를 만들어 보면 어떨까?

👧 그럼 마음대로 불러도 되지요?

👩 정말 멋진 노래가 되었네. 엄마가 알아보니, 이 시에도 곡이 있더라.
같이 들어보자.

3단계(6~7세)
책 읽는 습관을 길러주는 단계

아이가 6~7세가 되면 유치원을 다니고, 사교육이 늘다 보니 상대적으로 책 읽을 시간이 줄어들게 된다. 하지만 정작 책을 많이 읽어주어야 할 시기는 바로 지금이다. 이 시기에 스스로 책을 읽는 습관을 기르지 못한다면, 한글을 다 떼고도 혼자 읽기를 어려워하며 점점 책을 멀리하게 될 확률이 높다. 부모들에게는 조금 더 힘을 내자고 말하고 싶다. 엄마가 체력적으로 힘들다면 아빠도 책 읽기에 동참했으면 좋겠다. 2년간 매일 2권을 규칙적으로 정해진 시간에 읽어주자. 더 많이 읽어주면 좋겠지만, 이제는 글밥도 늘어나서 책 한 권 읽는 데 30분 정도가 소요될 수도 있다. 적어도 50페이지 정도는 부모가 읽어줄 것을 권장한다.

한글을 뗀 아이는 스스로 책을 읽는 시간도 필요하다. 처음에는 문장에 대한 이해 없이 글자를 읽는 것에만 급급해 할수도 있다. 음독을 하는 것이 스스로 읽는 연습을 통해서 문해력을 기를 수 있는 좋은 방법이 된다. 단, 너무 많은 양을 음독하게 하기보다는 한 페이지에 있는 글의 양에 따라서 1~4페이지를 소리 내어 읽게 한다. 이 과정에서는 다 읽고 난 다음에 어떤 내용이었는지 가볍게 물어보되, 잘못 읽은 단어를 지적하는 것은 삼가자. 읽었으나 내용을 파악하지 못한 경우에는 읽는 양을 줄여서 문장의 의미를 파악하도록 한다.

문장 이해 능력은 책의 전체적인 맥락을 파악하는 것과 연관이 있다. 이해 능력을 높이기 위해서는 배경지식이 중요하다. 생각보다 우리 아이들은 기초 지식이 부족한 경우가 많다. 특히 영어 교육을 일찍 시작한 경우에는 영어 단어로는 알고 있으면서 정작 한글은 모르기도 한다. 어휘는 이해의 기초가 되기 때문에 수학, 과학, 역사, 문화, 인물, 철학 등 다양한 분야를 읽게 하자. 정확한 어휘는 잘 기억하지 못하더라도 나중에 그 단어를 봤을 때 어디서 본 듯한 느낌이 들도록 하는 것이 필요하다. 책을 읽으면서 어휘는 반복되기 때문에 언젠가는 내가 완전히 알고 있는 내용으로 자리 잡을 것이다.

레오나르도 다 빈치의 그림 '모나리자'를 접했다고 하자. 어디선가 그 그림을 봤을 때 '모나리자'라는 이름은 생각이 나지 않아 '모짜렐라'라고 말할 순 있지만, 다 빈치가 그린 그림이라는 것은 기억할 수 있기 때문이다.

6~7세는 또래 관계도 중요한 시기다. 이 시기에는 친구들과 함께 어울리는 방법을 배울 수 있고, 바른 인성을 길러줄 수 있는 책들이 도움이 된다. 인성을 주제로 한 책들은 문제 상황이 생겼을 때 해결 방법을 함께 모색할 수 있다는 것이 장점이다. 이솝 우화나 철학 동화를 접하는 것도 문제를 해결해 나가면서 사고력도 함께 키울 수 있는 방법이다. 시기적으로 예비 초등 기간이기 때문에 학교 생활을 미리 경험할 수 있는 책들도 적응에 도움이 된다.

한글을 쓸 줄 안다면 독서록에 한 줄 느낌을 적어보는 것도 책 내용을 오래 기억할 수 있는 좋은 방법이다. 또한 자연스럽게 글쓰기 연습으로 이어질 수 있다. 책을 읽은 다음에는 새롭게 알게 된 내용

을 화이트보드에 그림으로 그리거나, 다른 사람에게 설명하는 활동
도 해보길 바란다.

분야	전집 목록
창작 동화	• 비룡소의 그림동화 시리즈 (비룡소) • 네버랜드 세계의 걸작 그림책 (시공주니어) • 느림보 그림책 시리즈 (느림보) • 프뢰벨 뉴컨셉 • 한국대표 순수창작동화 (통큰세상)
자연관찰 동화	• 탄탄 자연속으로 (여원미디어)
지식 동화	• 생각가지 펼치기 시리즈 (아이세움) • 생각지식 그림책 (프뢰벨)
일상 · 사회 동화	• 리더십 학교가자 (연두비) • 국시 꼬랭이 동네 시리즈 (사파리) • 지원이와 병관이 시리즈 (길벗 어린이)
수학 동화	• 알파짱 수학동화 (누리)
과학 원리 동화	• 교과서 으뜸 사이언스 (통큰세상) • 솔루토이 과학 (교원) • 한솔 어린이 과학 (한솔)
전래 · 명작 동화	• 꼬네상스 전래동화, 명작동화
인물 · 철학 동화	• 인물 세미나 (아람) • 큰 바위 얼굴 인물이야기 (슈타이너) • 칸트키즈 철학동화 (글뿌리)
백과 동화	• 한솔 어린이 백과 (한솔) • DK 비쥬얼 박물관 (웅진)
역사 · 문화 동화	• 솔루토이 지리 (교원) • 쫑알이 세계문화 (연두비) • 삼국유사 삼국사기 (교원)

6-7세 추천 도서

Q 공룡이나 자동차가 나오는 책만 보는 아들, 공주 책만 보는 딸, 이대로 괜찮을까요?

A 유아기 때는 관심사가 한두 가지에 집중되어 있는 아이들이 있고, 여러 분야에 관심을 갖는 아이들이 있습니다. 부모의 입장에서는 다양하게 관심을 가졌으면 좋겠다는 생각을 많이 하지만, 특정 관심사가 있다는 것은 몰입할 수 있는 대상이 있다는 것과 같습니다. 자신의 호기심이 충족될 때까지 파고드는 모습을 볼 수 있을 것입니다. 현재 관심 대상에 몰입을 해본 아이들은 다른 분야에 호기심이 생길 경우에도 이와 같은 집중력을 보이기도 합니다.

매일 공룡이나 자동차 책만 본다고 걱정하기보다는 책과 함께 관심사를 넓힐 수 있도록 도움을 주면 좋습니다. 예를 들어 중생대에 살았던 생물에는 어떤 것들이 있는지 함께 조사해보고, 자연사 박물관에 방문하여 책에서 본 내용을 경험하도록 이어주는 것입니다. 또한 공주를 좋아하는 딸에게는 세계의 공주에 대한 책들을 접하게 하면서 세계 문화와 지리에 관심을 갖게 해주고, 각 나라의 대표적인 전통 의상을 직접 디자인해볼 수 있도록 미술활동과 직업 체험 활동으로 이어져도 좋은 경험이 됩니다. 아이들은 언제든 호기심의 대상이 달라질 수 있습니다. 현재의 관심사에 집중하도록 해주세요. 아이들이 크면 지금의 이 시기가 그리운 날이 올 것입니다.

4장

유아 독서 지도 방법과 독후 활동

01 책 읽어주는 방법

책 좋아하는 아이로 키우기 위한
부모의 독서 코칭

아이들에게 책을 학습적으로 가르치려고 하지 않아야 한다. 티칭 teaching보다는 코칭coaching하는 부모가 되자. 코칭이라고 말을 하는 이유는 아이 스스로 책을 읽을 수 있도록 환경을 만들어주고, 독서력을 키워 인문학적 소양을 쌓을 수 있도록 지도해주는 역할이 중요하기 때문이다. 부모가 먼저 책을 읽고 그 내용을 이야기해주는 것도 좋지만, 아이가 점차 성장하면서 스스로 책을 읽고, 사색을 즐기도록 하는 데 목표가 있다. 부모가 할 수 있는 독서 코칭의 역할을 몇 가지 알아보자.

독서 몰입 환경 만들기

아이에게는 책을 보라고 하면서, TV나 스마트폰을 보는 부모는 독서를 방해하는 환경을 제공하는 것이다. 가사가 없는 클래식이나 뉴에이지 음악을 틀어 놓는 경우, 독서에 큰 방해가 되는 것은 아니지만 독서록과 같이 글을 쓰는 활동에는 방해가 될 수 있다. 독서에 몰입할 수 있는 가장 좋은 환경은 부모가 함께 책을 보는 것이다.

독서에 대한 피드백은 정확하게, 칭찬은 확실하게 하기

"너는 어떻게 책 한 권을 안 보니?" "책 보면 제대로 정리해야지!" "너는 이 책만 보니? 다른 책도 좀 봐."

언젠가 한 번쯤은 이런 잔소리를 한 적이 있을 것이다. 부모는 내 아이가 잘한 일보다는 잘못한 일이 있을 때 이야기를 더 많이 하는 경향이 있다. 다 잘되라고 조언을 하는 것이겠지만, 아이들 입장에 선 그저 잔소리에 불과하다. 아이들에게는 긍정의 피드백과 부정의 피드백을 줄 수 있는데, 긍정적으로 변화할 수만 있다면 어떤 피드백이든 해야 한다고 생각한다. 하지만 부정의 피드백으로 아이 행동이 수정되는 경우는 그리 많지 않다. 평소에 책을 잘 꺼내어 보지 않는 아이에게 책 좀 보라는 말은 소귀에 경 읽는 것과 다르지 않기 때문에 이럴 때에는 아이를 유심히 관찰해야 한다. 무엇을 할 때 가장 즐거워하는지, 스스로 선택하는 놀이는 어떤 것들이 있는지 조사해야 한다.

어느 날 아이가 책장에서 책을 꺼내려고 한다면, 그 순간을 절대로 놓치지 말자. "어머! 우리 서우가 원숭이가 나오는 책을 좋아하는구나! 정말 재미있겠다. 어떻게 이렇게 재미있는 책을 찾았니?"라는 긍정의 표현을 전달하자. 아이는 부모의 반응이 재미있기도 하고, 자신이 뭔가 대단한 일은 한 것과 같은 뿌듯함을 느끼게 되어 책을 꺼내는 일을 반복적으로 하게 될 것이다. 또한 책을 읽어주었을 때 아이가 생각을 요구하는 질문을 한다면 칭찬을 아끼지 말자. "정말 좋은 질문이구나. 엄마는 이렇게 생각하는데, 서우는 어떻게 생각해?"라고 피드백도 놓치지 말자. 책을 주도적으로 보는 아이는 부모가 읽어주는 동안에도 끊임없이 생각하고 질문하려고 한다. 또한 스스로 책을 보는 시기가 되어서도 생각의 끈을 놓지 않고, '왜?'라는 원론적인 질문을 하여, 자신의 생각과 작가의 생각을 견주어보기도 한다.

독서의 주도권을 자연스럽게 아이에게 넘기기

유아기 책은 대부분 부모가 먼저 선택을 한다. 그리고 책을 읽는 주체도 부모다. 항상 부모가 독서에 관여하게 되면, 아이는 수동적인 독서만 하는 셈이다. 아이가 성장하면서 읽고 싶은 책을 선택하는 것을 먼저 가르쳐야 한다. 어떤 아이들은 책 골라오면 읽어준다고 해도 선뜻 고르지 못하기도 한다. 자신의 선택이 거부당한 경험이 축적되면 자신감이 떨어질 수밖에 없다. 아래와 같은 대화가 오고 간다면, 아이는 책을 고를 때에 고민하게 될 것이다.

"서우야. 책 골라와. 엄마가 읽어줄게."

"네, 엄마. 여기 '핑크 공주' 책 읽어주세요."

"서우야, 이 책은 어제도 읽어줬잖니. 그리고 이제 공주 책 좀 그만 보자. 다른 책들도 재미있는 것이 많아."

아이가 책을 골랐다면, 왜 이 책이 읽고 싶은지 이유를 물어보자. 그 책을 반복적으로 많이 봤던 책이라 하더라도 왜 보고 싶은지 물어봐야 한다. 그리고 그 이유가 단순히 "재미있어서요."와 같은 대답이라고 하더라도 책 읽어주기를 거부하지 않았으면 좋겠다. 자신이 선택한 이유를 아는 것만으로도 독서를 제대로 하고 있다고 생각하면 된다. 책 선택에 있어서는 그 누구의 눈치를 봐서는 안 된다. 나의 관심사, 나의 생각이 선택에서 중요한 자리를 차지한다는 것을 알려주어야 한다.

"그냥 엄마가 골라주세요." 얼마나 멋이 없는가? 생각의 멋은 그 사람의 매력으로 이어진다. 매일 읽는 책이지만 자신 있게 "엄마, 나는 자동차 책이 좋아요. 읽어주세요"라고 말하는 편이 훨씬 낫다.

도서관이나 서점같이 방대한 책들이 있는 곳에서는 부모가 선택을 도와주어야겠지만, 집에 있는 책들은 이미 부모의 선별 과정을 거쳤기 때문에 아이가 어떤 책을 골라서 읽더라도 존중해주자. 그 책을 보는 것이 싫거든 집에 있는 책을 정리하면 된다. 자연스럽게 책 선택에 대한 주도권을 아이에게 넘겨주자.

다음으로 넘겨야 할 주도권이 또 하나 있다. 바로 책을 읽는 주체다. 글을 모를 때에는 부모가 거의 책을 읽어주지만, 참여도는 높일 수 있다. 바로 아이가 책장을 넘기게 하는 것이다. 책장을 스스로 넘길 때는 다음 이야기를 이어서 듣겠다는 의지가 들어 있는 것이다. 한글을 익히게 되면, 아이가 스스로 읽어서 독서 활동을 주도해보는 경험을 갖게 한다. 이때 중요한 것은 반대로 부모의 참여도다. 부모는 아이가 읽은 책의 어느 부분이 기억이 남는지 물어본다거나, 부모도 아이가 읽은 책을 읽어서 함께 이야기해보는 것도 좋다. 또한 아이가 책을 스스로 읽고 있을 때, 곁에 앉아서 함께 책을 살펴보는 것만으로도 아이는 부모에게 관심을 받고 있다고 느낄 수 있다.

바른 독서 자세 코칭하기

책 보는 자세에 대해 고민해본 적이 있을 것이다. 쭈그리고 앉거나, 바닥에서 책을 보거나, 누워서 책을 들고 보거나, 책을 너무 가까이 보는 등 바르지 않은 자세로 책을 보는 아이들이 많다. 어디서든 책을 보는 것은 좋으나, 바른 자세는 가르쳐주어야 한다. 무조건 바르게 앉으라고 말하면 아이들은 잘 알아듣지 못한다. 왜 바른 자세로 책을 봐야 하는지 이유를 알려주자.

아이가 평소 습관적으로 책 읽는 자세를 사진으로 찍어두었다가 바른 자세였을 경우에는 칭찬을 해주고, 바르지 않은 자세로 있었다면 왜 이 자세가 좋지 않은지 설명하자. 책을 가까이 보게 되면 눈이 쉽게 피로해진다. 책을 엎드려 보거나 누워서 보게 되면 척추나 목에 무리를 줄 수 있어서 책을 볼 수 있는 편한 의자와 독서대를 마련해주면 도움이 된다. 어두운 곳에서 책을 보면 시력이 저하되는 문제가 생기기 때문에 항상 밝은 곳에서 책을 읽도록 알려준다. 책 읽는 자세가 편하면 조금 더 오랫동안 책을 볼 수 있어서 집중력도 올라간다.

아이의 마음 읽어주기와 신뢰 쌓기

'독서 치료'라는 말을 들어본 적이 있을 것이다. 책은 누구에게나 벗이 될 수 있으며, 훌륭한 상담자의 역할을 한다. 부모들은 독서 교육에는 관심이 많지만, 독서 치료는 관심의 정도를 떠나 생소하게 느껴지기도 할 것이다. 보통 독서 교육이라고 하면 책을 읽고 난 후, 이야기의 내용을 잘 파악했는지에 대해 초점을 맞추지만, 독서 치료는 책을 읽고 난 후의 감정과 생각의 변화가 중심이 된다. 부모가 진정한 독서 코칭을 하기 위해서는 아이와 공감하는 경험을 쌓는 것이 가장 중요하다. 내 아이와 나는 적군이 아니다. 같은 곳을 바라보는 한 팀이 되어야 한다. 생각이 대립되더라도 한편으로는 공감이 필요하다. 부모의 절대적인 공감은 아이와 부모 간의 신뢰도를 형성하고, 아이는 눈치 보지 않고 생각과 느낌을 언제든지 부모에게 말할 수 있게 된다.

마트에만 가면 장난감을 사달라고 조르는 아이에게 같은 문제 행동을 주제로 한 생활동화책을 읽어주면 내 아이의 마음을 이해할 수 있을 것이라 생각한다. 하지만 보통 부모들은 책을 읽어주며 "민수처럼 이렇게 하면 안 되겠다. 그렇지? 우리 지영이도 민수처럼 마트에서 장난감 안 사준다고 울었던 적 있지?"라고 하면서 과거의 잘못한 경험을 떠올리게 한다.

이는 책을 잘못 선택한 것이다. 아이의 마음을 읽어주는 책은 교훈적인 내용보다는 아이와 깔깔 웃으며 즐겁게 볼 수 있는 책을 선택하는 것이 정서상 좋다. 마음이 힘든 아이에게 같은 상황을 마주

하게 할 필요는 없다. 엄마 아빠와 함께 즐겁게 책을 보고 웃고 즐기다 보면 어느새 기분이 전환되고, 엄마 아빠의 기분을 살펴볼 수 있는 여유도 생기게 된다. 그리고 책을 다 본 다음에는 "네 덕분에 엄마도 즐거운 시간을 보낼 수 있었어. 함께 해줘서 고마워"라는 말을 해주었으면 좋겠다. 아이를 인정해주는 것은 신뢰를 쌓는 첫걸음이다.

독서 결과물 관리하기

독서 결과물에는 종이접기, 클레이로 만든 모형, 색칠하기, 주인공 그려보기, 글을 쓸 수 있을 때에는 한 줄 느낌쓰기 등이 있을 것이다. 아이들의 기록물을 모두 보관하기에는 어렵기 때문에 문서로 되어 있는 것은 A4 클리어 파일에 보관해두고, 부피가 있거나 보관이 어려운 경우에는 사진으로 남겨두자.

부모의 눈에는 쓰레기처럼 보일 수 있지만, 아이들이 정성스럽게 만든 결과물이다. 아이들이 그리고, 만든 것은 미술관처럼 집에 전시를 하는 것도 좋은 방법이다. 눈에 보이는 곳에 둔다는 자체만으로도 아이들은 부모로부터 존중받는 느낌을 받을 것이다. 그리고 그 어떤 결과물에 대해서도 잘했다 못했다와 같은 평가는 하지 말자. '잘했다'는 말보다는 '멋지다, 근사하다'와 같은 표현이 적절하다. 결과물을 만들기까지 얼마나 많은 생각과 고민을 했는지에 대한 노력을 인정해주자.

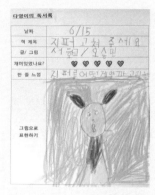

독서록 예시　　　　　　　　　　　　　　　　독후활동 예시

아이를 포함한 가족의 정신적 여유 갖기

머릿속이 복잡할 때, 책을 읽을 수 있는 여유가 있을 수 있을까? 너무 바쁜 삶은 부모도 아이도 지치기 마련이다. 책을 보기 위해서는 먼저 시간을 확보하는 것이 우선이다. 그리고 정돈이 잘된 집은 생각을 여유롭게 한다. 편안한 시간을 보낼 수 있도록 시간과 장소에 여유를 두자. 그래야 책 읽기가 수월해진다.

부모가 코칭을 한다면 아이들이 느끼는 가장 큰 변화는 무엇일까? 독서 습관이 잡히고, 좋은 책을 선택하는 안목이 생길 것이며, 글쓰기 실력도 향상될 것이다. 하지만 무엇보다도 부모와 자식 간의 소통 시간이 늘어나게 되고, 책 읽기를 통하여 자기 자신을 사랑하는 아이가 된다는 점이 가장 큰 변화가 아닐까 한다. 독서 지도가 어렵다고 해서 유아 독서 논술학원을 이용하는 부모들도 있다. 물론 시간적 여유가 없고, 코칭이 어렵다는 생각이 들 때는 전문가의 도움을 받는 것이 좋겠지만, 기본적으로 책은 문화라는 생각을 하면 좋겠다. 각 가정마다 가진 철학과 문화가 다르다. 그렇기 때문에 독서 습관은 집안 분위기에 맞추어 길러지는 것이다. 예를 들어 A 가정에서는 식사 시간에는 정숙해야 하고 식사에 집중해야 하는 분위기지만, B 가정에서는 식사하면서 책도 보고 책에 대한 이야기도 나누는 환경일 수 있기 때문이다.

책을 읽어내는 힘은 아이 스스로 키워야 하지만, 그 뒤에는 부모의 코칭이라는 보이지 않는 강력한 힘이 존재한다.

책을 잘 읽어주고 싶어요

책을 벗으로 삼을 수 있는 아이가 되었으면 하는 이면에는 시간 투자 대비 효율적으로 책 내용을 아이의 것으로 만드는 방법이 없을까 고민할 것이다. 독서는 자전거 배우는 것과 비슷하다. 배우겠다는 의지를 갖는 데 시간이 걸린다. 처음에 뒤에서 잡아주는 사람이 있거나 보조 바퀴가 있다면 수월하게 배울 수 있다. 능숙해질 때까지는 많이 넘어져서 나만의 방법을 터득해야만 한다. 누군가 계속 도와준다면 끝까지 혼자 해내지 못한다. 꼼수를 부리면 배우는 데 더 오래 걸리지만, 제대로 배워두면 한참 쉬었다가 나중에 다시 해도 할 수 있다는 공통점이 있다.

책 읽어주는 방법에는 정답이 없으며, 책을 싫어하는 아이들도 책을 잘 볼 수 있게 하는 묘한 비책 또한 없다. 아무리 영어 학습법을 많이 알아도 영어 자체를 공부하지 않는다면 영어를 잘할 수 없듯이 독서도 마찬가지다. 다양한 독서 지도법을 알면 뭐 하겠는가? 오늘 당장 아이에게 책 한 권을 읽어주는 것이 제대로 된 실력을 쌓는 데 도움이 되는 것이다.

책을 읽어주기에 앞서

책을 읽고 나서 어떤 활동을 해야 좋은지 독후 활동에 대해 관심 있는 부모들은 많다. 반면 책을 읽기 전 활동에는 관심이 적은 편이다. 책을 훑어보고 작가에 대해 알아보거나, 책 표지를 보고 어떤 내용인지 상상해보는 활동과 같은 독서 전 활동은 책에 흥미를 높일 수 있으며, 호기심을 자극하여 책을 읽고 싶게 하는 마음이 들도록 하는 효과가 있다. 마치 메인 요리를 먹기 전에 애피타이저를 먹음으로 식욕을 돋우는 것과 마찬가지라고 볼 수 있다.

"읽고 싶은 책 가져올래?"라고 부모가 아이에게 요청했을 경우, 책 선정의 주도권은 아이가 갖고 있다. 이때는 아이에게 그 책을 왜 선택했는지 이유를 물어보도록 하자. 반대로 "아빠가 책 읽어줄까? 이 책 어떠니?" 하고 책 선정을 부모가 했을 경우에는 독서 전 활동을 제안하고 싶다. 특히 아이가 잘 보지 않은 분야의 책이라면 이런 과정이 필요하다. 수학 과학 동화만 좋아하고, 창작책을 잘 보지 않는 아이가 있다면 부모는 의도적으로 균형 있게 책을 읽혀야 하니, 창작책을 선택해서 읽어 주는 경우가 있을 것이다. 새로 알게 되는 지식에 재미를 느끼는 아이는 창작은 그저 지루한 이야기로만 들을 수 있다.

예를 들어 '똑똑! 누구세요?'(웅진주니어) 책을 본다고 하자.

"서우야. 우리 그림책 보자. 제목이 뭘까? '똑똑!(손으로 두드리며) 누구세요?(손을 귓가에 가져간다) 누구지? 누가 왔을까? 우리 누가 왔는지 한번 보자"라고 말하면서, 제목이 의미하는 바를 몸짓이나 음성을 통해 기억에 남도록 알려준다.

가능하다면 책 제목과 저자 이름을 따라 읽게 하는 것도 좋은 방법이다. 읽어주고 있는 그림책을 잘 본다면 같은 작가의 다른 책들도 즐겁게 볼 확률이 높기 때문에 아이들이 좋아하는 작가의 이름을 아는 것도 중요하다.

겉표지에 나온 제목에 대한 이야기 다음으로는 책의 뒤표지에 있는 글을 아이에게 실감 나게 읽어준다. 여기에는 책에 대한 간단한 소개 또는 호기심이 생길 수 있는 발문이 들어 있다.

앞표지

뒤표지

그 다음에 겉표지를 넘겨보자. 여기에는 글을 쓰고, 그림을 그린 작가에 대한 소개가 나온다. 대부분 아이에게 읽어주지 않고, 부모만 간단하게 보고 넘어가는 경우가 많다. 그런데 이 부분은 꼭 읽어주었으면 좋겠다. 작가가 어떤 사람인지 어디서 태어났는지 살아온 배경을 알게 된다면 책을 조금 더 친근하게 받아들일 수 있기 때문이다. 지식을 좋아하는 아이에게는 지구본을 가지고 와서 작가가 살아온 나라가 어디 있는지 알아보고, 그 나라의 특징을 설명해줘도 좋다.

저자 소개

책 내용을 읽어주기에 앞서 아이에게 책장을 넘겨가면서 알고 있는 동물이 나오거나, 재미있어 보이는 장면이 어디일 것 같은지 이야기해보는 시간을 갖자. 그런 다음 책을 읽어주기 시작하면 관심 있게 그림책을 보게 될 것이다. 이 그림책 내용은 누가 들어왔는지 유추를 해볼 수 있게 그림에 단서가 들어 있는 책이다. 창작 그림책에서만 누릴 수 있는 재미에 빠질 수 있도록, 부모들은 책을 먼저 읽

나는 우락부락 덩치 큰 고릴라!
통통한 팔뚝에 복슬복슬 털복숭이.
하얀 이빨은 대문짝만 하지.

날 들여보내 주면
널 숨 막히게 꽉 껴안아 주마!

'똑똑 누구세요?' 중

어보고 어떻게 읽어주면 재미있을지 고민하고 읽어주면 좋겠다. 독
서 전 활동이라고 해서 어려워 할 필요는 없다. 아이에게 책을 소개
해준다고 생각하면 조금 더 편안하게 책을 읽어줄 수 있지 않을까.

상황에 따른 책 읽어주기

상황에 따라 책 읽어주는 방법을 조금씩 달리하는 것도 책 읽기의
즐거움을 알아가는 과정이다. 또한 정해진 독서 시간 이외에도 자투
리 시간을 활용하여 책 읽기를 생활화할 수 있다. 어떤 상황이나 행
동과 책이 만나게 되면 쉽게 습관으로 자리 잡게 되는 경향이 있다.
화장실 볼일을 볼 때 꼭 책을 보게 된다든지, 기다리는 상황에서 책

을 보며 시간을 보낸다든지, 목욕을 하면서 책을 보거나, 교통수단을 이용할 때 책을 보는 것이 대표적인 예시다.

상황	활용 방법
휴식이 필요할 때	• 부모님 품에 기대거나, 무릎에 누워 눈을 감게 하여 이야기를 들려준다. • 엄마 아빠와 나란히 앉아서 족욕을 하며 책을 읽어준다. • 운율이 있는 동시는 마음을 평온하게 한다.
잠들기 직전	• 은은한 조명 아래, 자장가 클래식과 함께 옛날이야기를 들려준다. • 불을 끄고, 엄마 아빠와 함께 잠자리에 누워 구연동화 음원을 들으면서 잠을 청한다.
학습 욕구가 있을 때	• 아이가 모르는 어휘가 10% 정도 되는 책을 선정하여 읽어주며, 새로운 어휘에 대한 설명을 해준다. • 새롭게 알게 된 내용을 함께 그림으로 그려본다.
놀고 싶을 때	• 부모와 함께 책에 나오는 등장인물의 역할을 정하여 연극 놀이를 해본다. • 지식책은 책에 나오는 내용을 문장 하나하나마다 그대로 따라 하면서 읽어준다.

그림책 읽어주는 방법

아래의 그림책 읽어주는 방법을 참고로 하여, 책 읽어주는 나만의 방법을 찾아
보자.

❶ 정성이 담긴 자연스러운 목소리로 읽어준다.

부모는 구연동화 음원처럼 이야기를 들려주어야 한다는 부담감은 갖지 않
아도 된다.

❷ 내용에 따라 속도를 조절한다.

이야기가 재미있고 전개가 빠르게 진행될 때는 속도감 있게 읽어준다.
중요한 내용이거나, 동시와 같이 생각하면서 읽어야 할 때는 천천히 읽
어준다.

❸ 구연동화 음원과 비슷한 속도로 천천히 읽어주며, 중요한 부분에서 잠깐 멈춘다.

위기, 절정 부분에서는 어떻게 해결하면 좋을지 아이가 상상하여 이야기
할 수 있도록 기회를 준다.

❹ 한글을 떼기 전에는 의성어나 의태어를 이용하여 문장을 변형해도 좋다.

집중력이 짧은 시기에는 그림책의 재미를 알려주기 위해 다양한 언어 자
극도 필요하다. 가끔은 쇼맨십을 발휘하여 몸짓, 표정을 이용하여 즐겁게
읽어주자. 부모의 다양한 표정은 아이들에게 감정을 쉽게 전해줄 수 있다.

❺ 한글을 뗀 이후에는 문장을 변형하거나 생략하지 않는다.

아이들은 부모가 읽는 모습을 잘 관찰하며 그대로 따라하는 경향이 있다. 스스로 책을 읽을 때에 문장을 변형하거나 생략하기도 한다. 변형을 할 수 있다는 것은 창의력이나 사고력이 좋다고 볼 수도 있으나, 자칫 이야기의 흐름을 엉뚱하게 이해할 수 있다. 음독할 때는 변형하지 않고 원문 그대로 읽는 연습도 필요하다.

❻ 좋은 그림책은 반복하여 읽어주자.

이번 주에 꼭 읽어주고 싶은 책 3권을 선정하여 읽어주고, 그 다음 주에는 1권의 책을 다른 책으로 교환하고 읽어주며, 그 다음 주에 새로운 1권의 책을 교환을 해 준다면 자연스럽게 반복하여 그림책을 읽어줄 수 있다.

독서력 향상을 위한
독서 지도 방법과 독후 활동

독후활동으로 배움이 달라져요

독서도 시대의 흐름에 따라 변화하고 있다. 4차 산업혁명으로 AI
가 인간의 기억을 지배한다고 하니, 책으로 얻는 지식은 중요하지
않다고 생각하는 사람들이 늘고 있다. 마치 요즘 시대에 주산을 배
운다고 하면, 계산기가 다 하는 것을 왜 배우냐고 하는 식과 마찬가
지다. 80~90년대 학창 시절을 보낸 이들에게 학교 생활기록부의 취
미 칸에 무엇을 썼냐고 물어보면 독서나 음악 감상을 쓴 사람이 정
말 많았다. 그 시절엔 책과 음악이 교양을 의미했기 때문이다. 2000
년대로 들어오면서 독서와 음악은 생활이 되었다. 특히 독서 분야는
국어 교과에 실린 작품 분석이 중요해지고, 수능 지문을 이해하기
위해 기본적인 인문학적 자질이 요구된다. 그렇다면 요즘 독서 트렌
드는 어떠할까? 나의 꿈에 영향을 줄 수 있는 진로 독서가 대세다.
그러다 보니 유아 눈높이에 맞춘 재능동화, 직업동화, 진로동화가

쏟아져 나오고 있다. 커서 훌륭한 사람이 되라고 책을 열심히 읽어주는 부모들은 많다. 하지만 정작 스스로 열심히 읽는 아이들은 많이 보이질 않는다. 이는 책을 읽어야 할 필요성을 못 느꼈기 때문이다. 또한 자신의 생각에 끊임없이 질문을 던져야 할 시간이 없고, 인풋보다는 아웃풋에 초점이 맞춰지고 있다.

이미 인간보다 AI가 알고 있는 지식이 훨씬 많은 것이 현실이다. 그래서 우리는 책을 읽고 지식을 얻는 것에 집중하기보다는 그 과정에서 배우고 느끼는 것에 초점을 맞춰야 한다. 책을 통해서 부모와 아이가 또는 친구와 함께 이야기를 나누는 활동에 더욱 비중을 두어야 한다.

4차 산업혁명, 진로독서 같은 키워드는 잠시 잊어버리자. 내 아이가 앞으로 삶을 살아가는데 필요한 인문학적 소양을 쌓기 위해 무엇을 해야 할지 고민을 해보길 바란다. 그 한 가지 방편으로 책을 읽어내는 힘, 독서력을 키워주는 것은 어떨까? 독서력이라는 힘은 마음 근육은 물론이고, 생각의 속 근육까지 키울 수 있게 한다. 에이브러햄 링컨(1809~1865)은 독서에 대해 다음과 같은 명언을 남겼다 "책 두 권 읽는 사람이 책 한 권 읽는 사람을 지배한다." 그런데 단순히 많이 읽는 것이 중요한 것이 아니라, 제대로 배우면서 읽는 것이 중요하다. 그 명언 앞에 '제대로'라는 말을 붙이고 싶다.

그렇다면 제대로 읽는다는 것은 무엇일까? 윌리엄 글래서 박사William Glasser의 배움에 대한 이론을 독서에 맞물려 생각하자. 책을 읽기만 했을 경우에는 내용의 10%를 배우게 되고, 듣게 되었을 때는

읽기(10%)
듣기(20%)
보기(30%)
듣기와 보기(50%)
토론(70%)
경험(80%)
가르침(95%)

배운 것이 머릿속에 남는 비율

20%를 배우게 된다. 하지만 듣기와 보는 것이 동시에 이루어진다면 50%를 배우게 된다. 아이가 한글을 읽을 수 있게 되어 혼자 책을 봤을 때 고작 10%만 배우게 되지만, 부모가 아이에게 그림책을 읽어준다면 50%의 배움을 얻을 수 있으니, 책 읽기에 같은 시간을 투자하더라도 어떻게 책을 읽었느냐에 따라서 인풋input의 정도가 달라진다. 삼각형에서 윗부분은 인풋에 대한 것이고, 아랫부분은 아웃풋output에 대한 것으로 볼 수 있는데, 아이들이 책을 읽고 난 다음 진짜 내 것으로 만들려면 인풋뿐만 아니라 아웃풋도 필요하다. 즉, 책을 읽고 난 다음에 이야기를 나누고 실제 주인공과 같은 경험도 해보아야 한다. 누군가에게 책에 대해 설명하고 가르치는 독후활동 과정을 거쳐야만 완전한 배움이 이루어질 수 있다.

보이지 않는 힘, 독서력

책을 읽으면 독해력, 어휘력, 창의력, 배경지식, 사고력과 같은 독

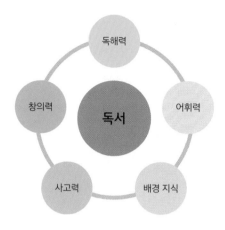

서력이 자연스럽게 길러질까? 예체능을 전공한 사람들이라면 알 것
이다. 어느 한 분야를 배울 때에 재능이 있거나 노력으로 스스로 깨
우친 부류가 있고, 전문가의 세심한 코칭을 통해 배우는 부류가 있
다. 능력이 일정 수준에 도달했을 때 후자가 전자보다 시간 대비 활
용을 잘했을 것이고, 나 자신뿐만 아니라 코칭한 전문가를 뛰어넘
기 위한 노력도 했을 것이다. 반대로 전자의 경우는 시간은 걸리겠
지만, 다양한 시행착오를 거쳐서 나만의 노하우가 많이 쌓였을 것이
다. 독서도 다르지 않다. 유아에게 책만 읽어주기보다는 독서력을
키워줄 수 있는 독서 방법이나 독후활동과 같은 코칭이 내 아이의
잠재성을 발현시키는 데에 도움이 된다.

　5가지 독서력 중에서 유아에게 가장 먼저 필요한 힘은 어휘력과
배경지식이다. 배경지식을 습득하면 인지 능력이 높아지고, 아는 것
을 표현하기 위한 어휘가 늘면 독해력은 자연스럽게 따라온다. 사고
력과 창의력은 독해력을 통한 이해를 기반으로 생각하고 발산하고

수렴하는 힘으로 얻게 된다. 이 점을 미루어 보아, 유아기에는 먼저 지식과 어휘를 쌓을 수 있도록 다양한 책을 읽어주는 것을 우선으로 하자.

독서력을 키우는 기본적인 방법은 책을 읽고 난 다음에 줄거리를 파악하는 것이다. 이해하지 못한 어휘가 나오면 찾아봐야 하고, 필요에 따라서 개념을 확장해 줄 동화책도 필요하다. 책을 읽고 난 뒤, 활동을 함께 하면 즐거운 기억으로 오래 남을 수 있기 때문에 책 한 권당 한 가지의 독후활동으로 이어주면 좋겠다. 책을 읽고 난 다음, 책에 나오는 등장인물이나 주요 사물을 종이접기나 클레이로 만들어보기, 그림으로 표현하여 색칠하기 등 간단하고 쉽게 할 수 있는 것부터 시작해보자. 그리고 꼭 기억해야 할 것은 독서와 공부를 연관 짓지 않는 태도다. 국·영·수·사·과를 중심으로 하는 책 읽기는 벗어던지고, 아이가 좋아하는 책으로 먼저 시작해보자. 충분히 독서력을 향상시킬 수 있다.

독서력 향상을 위한 방법과 독후활동

어휘력 늘리기

5세 이전 유아에게는 단어 카드를 활용하는 방법이 효과적이다. 인지하고 있는 단어가 많을수록 책을 읽어줄 때 이해하면서 보기 쉽다. 반대로 책을 읽어줄 때 문장 속에 나오는 단어에 맞추어 그림을

짚어서 읽어주면 그림을 통해 단어를 인지하게 된다. 단어만 알고 있는 것보다는 그 단어가 문장에서 어떻게 쓰이는지 자연스럽게 알게 하는 것이 도움이 된다.

위 사진과 같이 책을 읽어주기 전에 책에 나오는 단어 몇 가지를 미리 단어 카드에서 골라 놓은 다음, 똑같은 단어가 나올 때마가 카드에서 찾는 게임을 하는 것도 아이들이 책을 적극적으로 보게 하는 방법이다. 이렇게 책을 보게 되면, 아이들은 나중에는 단어 카드만 봐도 어느 책에서 그 단어를 봤는지 기억해내곤 한다.

한글을 어느 정도 인지한 다음에는 국어사전을 찾아보는 것을 추천한다. 유아에겐 사전이 어려울 것 같지만, 우리가 생각하는 것보다 아이들은 어려운 단어에 대한 호기심이 많다. 평소에 들어보지 못한 새로운 단어에 대해 신기하고 궁금해한다. 또한 국어사전 찾는 방법도 가르쳐주자. 한글을 익혔다면, 한글 조합 원리를 이용하여

자음	ㄱ -ㄲ -ㄴ -ㄷ -ㄸ -ㄹ -ㅁ -ㅂ -ㅃ -ㅅ -ㅆ -ㅇ -ㅈ -ㅉ - ㅊ -ㅋ -ㅌ -ㅍ -ㅎ
모음	ㅏ -ㅐ -ㅑ -ㅒ -ㅓ -ㅔ -ㅕ -ㅖ -ㅗ -ㅘ -ㅙ -ㅚ -ㅛ -ㅜ -ㅝ -ㅞ -ㅟ -ㅠ -ㅡ -ㅢ -ㅣ

사전에서 유익하게 활용할 수 있다. 자음과 모음의 순서 체계를 알면 사전 찾기가 쉬워진다.

유아기에 보기 좋은 사전은 '보리 국어사전'(보리)이다. 우리말 사전으로 사전 안에는 아이들이 이해하기 쉽도록 세밀화도 삽입되어 있다. 국어사전을 찾아볼 정도의 어휘가 등장하는 책들은 전래와 명작에 주로 등장한다. 아이와 책을 읽어보다가 모르는 어휘가 나오면 함께 국어사전에서 찾아보자. 그리고 단어의 뜻을 읽어주고, 접착 메모지를 이용하여 몰랐던 단어와 뜻을 함께 적어 놓는다. 이런 활동은 아이에게 어휘에 대한 관심을 심어주게 된다. 또한 사전을 찾아보면 찾는 단어 주변의 단어들도 함께 보게 된다.

첫째와 '벌거숭이 임금님' 책을 보다가 아이가 '직공'이라는 어휘를 몰라서 함께 찾아보았다. 사전에서 '직공'이라는 뜻을 알게 된 다음 바로 사전을 덮어버렸을까? 아니다. 아이는 '직공' 옆에 있는 새 그림을 보았다. "엄마, 이 새 이름이 직박구리래요. 직사각형도 있고, 직사광선이라는 말도 처음 봐요. '직'으로 시작하는 말이 많네요." 책 내용과 벗어나는 이야기지만 사전을 통해서 어휘를 확장할 수 있다.

책에 자주 등장하는 어휘를 가지고 말놀이를 하는 활동도 재미있다. 아이들과 끝말잇기를 해본 적이 있는가? 끝말잇기 게임 또는 '리리릿 자로 끝나는 말은?', '도로 시작하는 말은?' 같은 말놀이를 해보면 알고 있는 어휘를 자연스럽게 활용할 수 있게 된다.

평소에 자주 쓰는 단어는 '네이버 국어사전'에서 아이와 함께 찾아본다. 단어의 뜻도 중요하지만, 비슷한 말과 반대말에는 어떤 어휘들이 있는지 살펴보도록 하자. 특히 유의어는 같은 뜻으로 쓰이기 때문에 한 번에 두세 마리 토끼를 잡는 효과를 얻을 수 있다. 인터넷 검색을 하거나 '우리말 유의어 사전' 어플을 이용해서도 찾아볼 수 있다. 찾아본 단어를 활용하여 짧은 글짓기 활동까지 이어지면 금상첨화다. 아직 아이가 글을 쓸 줄 모른다면 문장을 말로 표현해봐도 좋다. 짧은 글짓기 활동이 어렵다면 부모가 예시를 보여주면 된다.

낱말	깨끗하다
뜻	사물이 더럽지 않다, 빛깔 따위가 흐리지 않고 맑다, 맛이 개운하다 등
비슷한 말	청결하다, 곱다, 순백하다, 산뜻하다, 청순하다, 담백하다 등
반대말	지저분하다, 꾀죄죄하다, 더럽다 등
짧은 글 짓기	동생 얼굴은 깨끗한데, 손은 지저분하다.

배경지식 넓히기

수학, 과학, 사회, 역사, 문화 등 다양한 장르의 지식책을 읽어주면 배경지식을 넓혀줄 수 있을까? 유아기에 지식을 얻으려면 책보다는 직접 경험을 해야 하고, 지식을 확장할 수 있는 융통성이 생기게 된다. 그런데 모든 것을 직접 경험하기는 어려우니 책으로 간접 경험을 하는 것이 필요하다. 책에 나오는 생생한 사진이나 그림 정보가 이해하는 데 도움을 줄 것이다. 영상물 시청을 적극 권장하는 편은 아니지만, 지식 분야 만큼은 유튜브에 올라오는 관련 영상을 시청하면 책보다 쉽게 이해할 수 있다. 특히 과학과 역사, 문화 분야는 영상을 활용해보도록 하자.

지식 그림책은 목적이 분명한 책으로 어린이에게 분야별 기초 개념을 알려주고, 새로운 정보를 제공한다. 이 말은 아이들은 지식책을 읽으면 새로 알게 된 점이 있어야 한다는 것이다. 지식책을 좋아하는 아이들은 주로 책을 반복해서 보는 아이들보다는 다양한 책을 보는 성향을 가진다. 새로운 것에 대한 호기심이 많은 아이들이 지식책을 좋아하는 편이다.

지식책 독서 후 활동 1   지식책 독서 후 활동 2

5세 이하의 아이들은 내가 아는 것이 무엇인지, 새로 알게 된 점이 무엇인지 정확하게 인지를 못하는 경우도 있다. 어린 연령에게 추천해주고 싶은 방법은 책에서 본 내용을 그림이나 사진으로 정리해보는 활동을 하는 것이다. 위의 사진은 첫째가 4살 때, 꽃과 과일을 주제로 한 책을 읽고 했던 활동이다. 책에 있는 특정 사진들을 컬러 프린트하여 가위로 오려서 활용해도 좋지만, 집에 쓰다가 남은 학습지들을 모아두었다가 독후활동 자료로 활용해도 된다.

엄마가 오리고 붙여서 근사하게 만들어줄 수도 있지만, 아이가 스스로 만들고 정리하게 하자. 아이는 책에서 본 지식을 재구성하는 과정에서 자신만의 방법으로 새로운 정보를 입력하는 방법을 터득한다. 또한 스스로 해냈다는 성취감도 크게 느낄 것이다. 독서 스케치북 하나를 마련하여 아이가 책을 읽고 자유롭게 그리고 붙일 수 있게 해보자.

5세 이상이라면, 비문학 활동에 적합한 KWLA 독서법*을 활용하면 도움이 된다. KWLA 독서법은 알고 있는 것과 알고 싶은 것이 무엇인지, 책을 읽고 나서 알게 된 것과 느낀 점을 중심으로 책을 읽는 방법이다. 유아기부터 활용하여 성인이 될 때까지도 이 방법으로 지식책을 접한다면, 내용을 오랫동안 기억하고 알게 된 지식을 완전히 내 것으로 만드는 데 도움이 된다. 아이들은 아직 글을 능숙하게 쓸 수 없기 때문에 독서록에 작성하는 것보다는 책을 읽고 각 항목별로 아이와 이야기를 나누는 방식으로 진행한다. 우선 책을 읽기 전 활동으로 책 내용에 대해 아이가 알고 있는 것이 있는지 물어보고, 알고 싶은 것이 있는지 이야기를 나누어 본다. 알고 싶은 것이 있다는 것은 책을 조사하면서 자세히 보고 싶다는 것을 의미한다. 궁금한 점이 생기고 그것을 해결하기 위해 책을 보고, 답을 찾는 과정을 경험하는 것이 중요하다. 책을 읽은 다음에는 새로 알게 된 점이 있었는지, 느낀 점은 무엇인지 이야기를 해보자. 무리하게 쓰는 글을 쓰게 하면 오히려 책을 멀리하게 되는 역효과를 불러일으킬 수 있으니 주의하자.

---

* **KWLA 독서법** : 알고 있는 것(Known)과 알고 싶은 것(What to know)이 무엇인지, 책을 읽고 나서 알게 된 것(Learned)과 느낀 점(Affect)을 중심으로 책을 읽는 방법이다.

제목	작은 돼지코 박쥐야, 안녕!
저자	다린 룬데 글, 퍼트리셔 윈 그림, 이강환 옮김
출판사	비룡소
읽은 날짜	2018. 6. 24
알고 있는 것 (Known)	박쥐는 밤에 날아다니며, 동굴에 삽니다.
알고 싶은 것 (What to know)	돼지코 박쥐는 어떻게 생겼는지, 어디에서 볼 수 있는지 궁금합니다.
알게 된 것 (Learned)	돼지코 박쥐는 코가 돼지처럼 생겼고, 귀가 길고 뾰족하고 몸길이가 3cm로 작습니다. 박쥐는 동굴에서 살며 나방과 파리와 같은 곤충을 먹습니다.
느낀 점 (Affect)	이렇게 작은 박쥐가 있다는 것이 신기했습니다. 어디에서 볼 수 있는지 궁금했는데, 박쥐를 보호하기 위해 과학자들은 이 박쥐가 사는 위치를 아무에게도 알려주지 않는다고 해서 아쉬웠습니다. 그래도 이 박쥐들이 사라지지 않고, 잘 살았으면 좋겠습니다.

유아에게 배경지식을 넓혀주는 책 읽기를 지도하려고 한다면 세 가지를 기억하자.

첫째, 직접 경험이 가능하다면, 시도할 수 있도록 기회를 준다. 그리고 경험한 내용과 책의 내용을 비교해 본다.

둘째, 주제와 관련된 영상물을 활용한다. 다큐멘터리와 같은 전문성 있는 프로그램도 좋다.

셋째, 책을 읽은 후 새로 알게 된 점과 느낀 점에 대하여 이야기를 나누어 본다.

지식책을 읽고 생각 넓히기

지식책을 읽은 다음 주제와 관련된 낱말을 연상하는 활동과 마인드맵으로 주제를 정리하는 활동을 할 수 있다.

| 참고 | 5세 이하의 유아에게는 사진 또는 스티커를 활용하게 하는 것이 쉽고 즐거움을 줄 수 있다.

❶ 주제와 관련된 낱말 연상하기

책에 나온 낱말 중 떠오르는 단어들을 말하게 한 다음, 부모가 낱말을 적어준다. ➡ 낱말을 그림으로 표현하기, 그림 또는 사진을 오려 붙이거나 스티커를 붙여본다.

낱말 적기	헬리콥터	경찰차	소방차
그림, 사진 붙이기			

❷ 생각 그물로 표현하기

책의 내용을 모두 담고 있는 주제 또는 중심 낱말을 가운데에 적는다. ➡ 중심 낱말에서 생각나는 것을 그림 또는 사진을 붙여 표현한다. ➡ 생각이 나는 만큼 덧붙인다.

❸ KWLA 독서법 활용하기

책을 읽기 전에 주제에 대해 알고 있는 것과, 책을 통해 알고 싶은 것에 대해 생각해본 뒤, 말해보거나 적어본다. ➡ 책을 읽은 후, 알게 된 것과 느낀점을 말하거나 적어본다.

제목	
저자	
출판사	
읽은 날짜	
알고 있는 것 (Known)	
알고 싶은 것 (What to know)	
알게 된 것 (Learned)	
느낀 점 (Affect)	

독해력 키우기

많은 부모들이 책을 읽어줄 때 가장 중요하게 생각하는 부분이 바로 '독해력'이 아닐까 한다. 독해력은 글을 읽고 이해하는 능력으로 같은 글을 읽고도 이해하는 정도에 따라 사고의 결과가 달라진다. 독해를 잘하기 위해서는 앞서 이야기한 어휘력과 배경지식이 무척 중요하다.

한글을 떼기 전에는 글을 읽을 수 없으니, 엄밀히 말하자면 청해력(듣고 이해하는 능력)을 키워야 할 것이고, 한글을 읽을 수 있게 되었을 때부터 독해력을 키울 수 있는 독서방법을 활용하게 될 것이다. 하지만 한글을 읽지 못한다고 해서 듣고 이해하는 것만 가능한 것은 아니다. 우리에겐 그림책이 있다. 몇 줄의 문장을 듣는 것보다 하나의 그림을 보는 것이 더 이해가 빠를 수 있다. 그림을 이해하는 것 또한 중요하다.

독해력을 키울 수 있는 가장 좋은 독서 방법은 독서 후 활동을 해보는 것이다. 많은 부모들이 독후활동에 부담을 가진다. 책을 읽고 난 뒤에 아이와 함께한 활동을 인터넷에 올린 글들을 보면, 나는 왜 우리 아이에게 이렇게 못 해주는지 자책하는 부모들도 생각보다 많다. 이렇게 생각하면 편하다. 모든 부모가 책을 읽고 독후활동을 시키는 것은 아니라는 점이다. 책에 관심은 많지만, 아이와 하는 활동 자체를 어려워하는 부모들도 있다.

글을 읽지 못하는 아이들에게 추천하는 독후활동은 첫 번째로 '책장을 넘겨가며 줄거리 이야기하기'다. 독해력을 기르려면 책의 중심 내용을 파악하는 것이 중요하다. 먼저 부모가 아이에게 책을 읽어준다. 여러 번 반복하여 읽을 수 있도록 아이의 관심사가 반영된 책이어야 한다. 아이가 내용을 충분히 이해할 정도로 읽어주었다면, 이야기꾼의 역할을 부모에게서 아이로 전환하자. 이제 아이가 책을 읽어줄 차례가 되었다. 글을 모르는데 어떻게 읽느냐고 물을 수 있겠지만, 오히려 글을 모를 때 이 활동이 더욱 의미가 있다. 이야기를 듣고, 그림을 보면서 내용 이해를 했다는 의미이기 때문이다. 아이가 그림을 보고 책장을 넘겨가면서 이야기를 이끌어 나가도록 한다. 이미 많이 접한 내용이기 때문에 자신 있게 이야기를 만들 수 있다. 아이는 여러 번 들은 책의 내용을 떠올리면서 이야기하기 때문에 자연스럽게 회상하는 훈련을 한다.

두 번째 활동은 '역할극 놀이'다. 아이들과 교감할 수 있는 최고의 독후활동이다. 글을 읽을 수 있을 때에는 등장인물 중에서 역할을 정하여 대화를 주고받으며 글을 읽으면 된다. 글을 모를 때에는 먼저 책으로 이야기를 들려주고, 하고 싶은 역할을 나눈 다음에 자연스럽게 소꿉놀이하듯이 놀이로 이어지게 하면 된다. 아무것도 없이 "엄마는 콩쥐 할게, 너는 팥쥐 해"라고 하는 것보다는 등장인물 인형을 간단하게 만들면 조금 더 재미있게 역할

역할극 놀이도구 만들기

극을 진행할 수 있다. 인터넷에서 등장인물을 이미지를 찾아 프린트하여 오린 다음에 나무젓가락을 뒤에 붙여서 인형을 만들어도 좋다. 또는 색종이와 빨대를 이용해서 등장인물을 만들어도 된다. 아이가 선 따라 그리기나 색칠을 할 수 있다면 OHP 필름과 같이 투명한 필름지를 그림책 안에 등장인물이 나오는 페이지에 붙여보자. 유성펜이나 네임펜으로 따라 그리고, 색칠도 할 수 있다. 다 그렸다면 선을 따라 가위로 오려서 나무젓가락을 붙이거나, 요구르트 병에 붙여서 역할극 놀이를 해보자.

　글을 읽을 수 있을 때에는 어떤 활동들이 도움이 될까? 독해력의 가장 대표적인 방법 중 하나가 로빈슨[F.P. Robinson] 박사의 '독서 방법론'(배영사)에 나오는 'SQ3R' 독서법*이다. 개관하기, 질문하기, 읽기, 암송하기, 점검하기의 단계로 활동을 해보는 것이다. 어렵거나 귀찮을 수 있지만 아이와 책을 읽어줄 때, SQ3R을 머릿속에서 생각하여 순서대로 책을 보면 수월하게 진행이 가능하다. 읽는 데에 5분도 안 걸리던 그림책이 SQ3R 방식으로 읽으면

『괴물들이 사는 나라』 모리스 샌닥 저

＊ **SQ3R 독서법** : 개관하기(Survey), 질문하기(Question), 읽기(Read), 암송하기(Recite), 점검하기(Review)의 단계로 활동을 해보는 것이다.

30분 정도가 소요된다. 유아기에 많은 책을 접하는 것도 중요하지만, 때로는 책을 곱씹으며 천천히 읽는 것도 중요하다. 글자 하나하나의 의미를 조직화해보는 경험을 거치면 기억에 오래 남기 때문이다. 유아가 할 수 있도록 '괴물들이 사는 나라'(시공주니어) 책을 예시로 SQ3R을 활용한 독후활동을 정리해보았다.

이 단계를 이용하여 책을 읽으면 자연스럽게 독해력이 향상되는

1단계 개관하기 (Survey)	• 책 선정 이유 • 표지, 제목, 그림, 글 살펴보기 • 내용 예측하기	• 이 책을 읽고 싶은 이유가 뭘까? • 책 제목이 뭐지? 어떤 그림이 숨어 있나 볼까? • 이 책은 어떤 내용일 것 같아?
2단계 질문하기 (Question)	• 책 제목을 질문으로 바꾸기 • 궁금한 내용 이야기해보기	• 괴물들이 사는 나라? 왜 그런 제목이 붙었을까? • 괴물은 누구일까? • 왜 마지막 장면은 집이지?
3단계 읽기 (Read)	• 질문에 대한 답을 탐색하며 읽기	• 엄마는 아이에게 괴물딱지 같다고 했는데, 아이가 괴물일까? • 괴물들이 사는 나라는 어떤 같은지 이야기해보자 • 엄마가 해준 저녁밥 먹으러 집으로 왔나봐.
4단계 암송하기 (Recite)	• 자신의 생각과 함께 줄거리 이야기하기	• 그럼 이제 엄마한테 이 이야기를 다시 들려줄래?
5단계 점검하기 (Review)	• 책을 반복하여 본다	• 우리 이 책 또 읽어볼까?

것을 알 수 있다. 핵심은 질문이다. 책을 읽기 전에 질문을 던지고, 그 질문의 해답을 찾는 방식으로 책을 읽어 나간다. 처음에는 부모가 질문을 하겠지만, 아이가 질문의 주체가 되어야 더 큰 효과를 볼수 있다. 또한 나의 생각과 함께 줄거리를 이야기해보는 활동은 책을 통해 입력된 내용을 구체화하여 표현하는 것이다. 이 과정에서 내용 정리가 이루어지고, 반복하여 보면서 독해력도 향상시킬 수 있다.

간혹 한글을 읽을 수 있는 7세 아이에게 독해 문제집을 풀게 하면 독해력이 향상되는지 묻는 경우가 있다. 주어진 지문을 읽고, 지문에 해당하는 문제를 푸는 방식인데 주어진 글이 짧은 편이고, 문제에 대한 답을 지문에서 찾는 것은 조금만 더 생각해보면 어려운 일이 아니다. 안 하는 것보다는 하는 것이 독해력에 도움은 되겠지만, 책에서 얻을 수 있는 독해력과는 큰 차이가 있다. 산을 보고 나무에 대한 문제를 푸는 것과 나무를 보고 나무에 대한 문제를 푸는 것의 차이라고 보면 되겠다. 아무리 유아라 하더라도 책 한 권의 이야기를 다 읽고, 핵심을 파악하는 경험을 쌓고 쌓는다면, 나중에 그어떤 장문의 글을 만나더라도 핵심을 파악하고, 이해하는 힘이 생길 것이다.

SQ3R을 활용하여 독후활동하기

1단계 개관하기 (Survey)	• 책 선정 이유 • 표지, 제목, 그림, 글 살펴보기 • 내용 예측하기	• 이 책을 읽고 싶은 이유가 뭘까?
2단계 질문하기 (Question)	• 책 제목을 질문으로 바꾸기 • 궁금한 내용 이야기해보기	
3단계 읽기 (Read)	• 질문에 대한 답을 탐색하며 읽기	
4단계 암송하기 (Recite)	• 자신의 생각과 함께 줄거리 이야기하기	
5단계 점검하기 (Review)	• 책을 반복하여 본다	

SQ3R을 이용한 활용은 생각보다 쉽다. 각 단계별로 차근차근 따라가다 보면 자연스럽게 독후활동을 하고 있는 아이의 모습을 볼 수 있다. 이 방법의 주체는 부모보다는 자녀가 되어야 한다. 자녀가 책을 골랐다면, 왜 그 책이 읽고 싶은지 이유를 묻는 것으로 시작해 책을 살펴보며 어떤 내용이 나올지 상상해본다. 2단계의 경우, 아이가 주체가 되어 활동하도록 기회를 주고, 질문에 대한 답을 찾아가며 3단계를 진행한다. 4단계에서는 줄거리뿐만 아니라 아이의 생각과 느낌을 자연스럽게 이야기할 수 있도록 아이가 직접 경험한 일들을 예시로 들어가며 이끌어준다. 5단계는 4단계에 걸쳐 활동한 책을 반복하여 봄으로써 기억에 오래 남는 책이 되도록 마무리를 짓는다.

브레인스토밍과 마인드맵으로 확산적 사고 기르기

브레인스토밍과 마인드맵을 활용하여 확산적 사고를 길러줄 수 있다. 아이와 효과적으로 하기 위한 방법을 알아보자.

| 참고 | 유아에게 가장 쉽게 접할 수 있는 독후활동이 될 수 있다.

❶ 브레인스토밍하기

아이들의 집중 시간을 고려하여 15분 정도 시간을 정해둔다.(시간을 정하지 않으면 대충 생각하려는 경향이 있다.) ➡ 정해진 시간 내에 생각나는 모든 것을 이야기한다. 이때, 부모의 비판이나 평가가 개입되면 안 된다.

아이가 3가지만 생각했다면, 5가지 정도 만들어 보자고 제안한다. ⬅ 많은 아이디어 속에 양질의 아이디어가 나온다 ⬅ 가급적 다양하고 많은 생각을 발산하도록 한다.

㉠ 신데렐라에 대해 생각나는 대로 얘기해볼까?

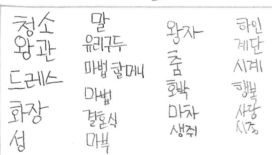

❷ 브레인스토밍을 한 뒤 마인드맵으로 정리하기

글을 쓰지 못할 때에는 그림이나 사진으
로 정리한다.

➡

글쓰기 가능한 경우에는 아이가 마인
드맵을 적도록 한다.

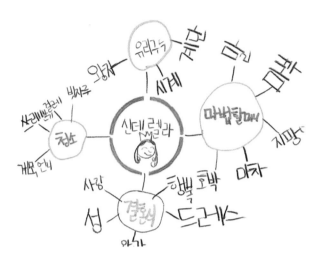

❸ 활용하기

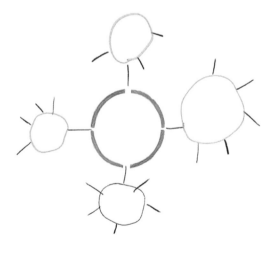

창의력 향상

창의력이란 새로운 생각을 해내는 힘을 의미한다. 이것은 인지와 지식을 기반으로 하는 인지적 측면, 동기나 의지와 같은 정의적 측면, 가정과 학교, 사회의 환경적 측면의 요소들이 결합될 때 높은 수준으로 발휘할 수 있다. 독서는 유아기에 가장 쉽게 창의력을 향상시킬 수 있는 기본적인 활동이다. 우리 아이들은 모두 잠재적 발명가라고 볼 수 있을 만큼 기발한 생각들을 가지고 있다. 창의력은 부모가 간섭을 줄이고, 정서적 안정과 자율성을 제공했을 때 높아질 수 있다. 이런 환경은 아이들이 자유롭게 생각하는 사고에도 영향을 주게 된다. 창의성의 구성 요소에는 확산적 사고와 수렴적 사고가 있다. 유아에게는 다양한 생각을 가감 없이 펼칠 수 있는 확산적 사고 능력을 먼저 길러주는 것이 중요하다.

두 번째 방법은 스캠퍼SCAMPER 기법을 활용하는 것이다. 알렉스 오

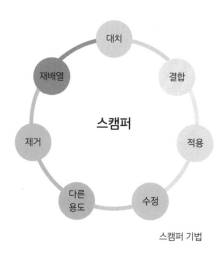

스캠퍼 기법

스본Alex. F. Osborne은 브레인스토밍과 체크리스트를 개발했고, 밥 에벌
Bob Eberle은 체크리스트를 보완하여 특정 대상을 중심으로 생각하여,
구체적으로 변형시키는 몇 가지 방법을 제시하였다. 그 과정을 유아
독후활동에 적용한다면 창의력을 향상시키는 데 도움이 될 수 있다.

스캠퍼 기법을 이용한 독서 방법에 대해서 아래와 같이 정리해보
았다. 그림을 그리거나 글로 표현하는 것도 좋지만, 유아는 글쓰기
에 능숙하지 않기 때문에 역할극 놀이처럼 진행하면 흥미를 유발하
는 데 효과적이다. 스캠퍼 기법에 해당하는 질문과 활동을 아이와
함께 이야기해보자. 이야기를 이해했다는 전제하에 가능하기 때문
에 해당 책은 아이와 부모가 반복해서 읽었던 책으로 선정하면 된
다. 기승전결이 명확하게 이루어지고, 등장인물의 성격도 극명하게
드러나는 전래와 명작을 활용한다면 쉽게 접근할 수 있다.

4차 산업혁명에서 아이들이 가져야 할 능력 중 하나가 바로 질문
력이다. 우리 집에는 구글과 알렉사 AI 스피커가 있는데, 두 기기는
세상에 존재하는 객관적인 데이터를 찾아 알려준다. 언제든 우리의
질문에 답할 준비가 되어 있지만, 질문하려고 보면 생각보다 질문하
는 것이 어렵다고 느껴진다. 내가 질문하지 않으면 AI는 그 어떤 대
답도 하지 않는다.

아이와 독후활동을 하다 보면 부모는 아이에게 질문을 하게 되는
데, AI가 답할 수 있는 것처럼 객관적이고 단답형 답을 요구하는 질
문보다는 생각을 요구하는 질문을 하길 바란다. AI가 답할 수 없는

과정	활용 방법	대화 예시
대치하기 (Substitute)	• 주인공 또는 주제 바꿔보기	• 주인공을 신데렐라 대신 왕자로 바꿔보자 • 다른 제목으로 바꾼다면?
결합하기 (Combine)	• 등장인물의 공통점을 찾 거나 결합하기 • 소재나 사물의 결합하기	• 신데렐라와 계모의 공통점은? • 신데렐라와 언니들의 성격이 결합된다 면 이야기 결말이 어떻게 되었을까?
적용하기 (Adapt)	• 필요한 인물의 등장 장면 생각하기	• 마법사는 어느 장면에서 나오면 좋을까?
수정, 확대, 축소 (Modify, Magnify, Minify)	• 글의 장르를 바꿔보기 • 내용의 결말 수정하기 • 책의 결말 뒷부분의 이야 기 만들기 • 이야기 요약하기	• 신데렐라를 동요나 동시로 바꿔보자 • 유리구두가 언니의 발에 맞았다면 어 떻게 되었을까? • 왕자와 결혼한 신데렐라는 어떻게 살 았을까? • 책 읽고 나서 한 줄 느낌을 적어보자
다른 용도 (Put to other uses)	• 책에 나오는 소재나 도구 의 다른 용도 생각해보기	• 유리 구두 한 짝은 어떤 용도로 쓸 수 있 을까?
제거하기 (Eliminate)	• 등장인물이나 사건을 제 거해보기	• 마법사가 없었다면, 신데렐라는 왕자 를 만날 수 있었을까? • 언니들이 신데렐라를 괴롭히는 사건들 이 없었다면 이야기는 어떻게 전개되 었을까?
재배열하기 (Rearrange)	• 이야기 순서 바꾸어보기	• 신데렐라가 왕자와 결혼하는 장면으로 이야기를 시작해보자

질문을 하자. 좋은 질문의 답은 천천히 나오는 법이다.

스캠퍼 기법을 활용한 질문은 아이 스스로 만든 고정관념을 깨우치게 하는 힘이 있다. 이는 꼭 책이 아니어도 집에 있는 사물을 이용하여 창의적으로 생각하는 훈련을 하는 데 쓸 수도 있다. 5세 이하

유아에게는 책을 읽고 스캠퍼 기법을 적용하는 것이 더 어려울 수 있다. 표현의 한계 때문이다. 이럴 때에는 그림을 그리게 하는 것도 좋은 방법이다. 아이가 생각하는 것을 어떻게 표현을 해야 하는지 그 방법들을 고민해 봐야 할 필요가 있다. 노래로 할 수도 있고, 만들기를 할 수도 있고, 온몸으로 표현할 수도 있다. 표현 방법은 다양하니 꼭 글을 써야 한다는 부담을 갖지 말자.

아래 그림은 첫째가 4세 때, '커다란 순무'(시공주니어)라는 책을 읽고 함께한 독후활동이다. 글을 모르기 때문에 자신이 표현할 수 있는 그림을 그렸고, 질문에 대한 답은 부모가 적어두면 된다. 간단한 활동이지만, 유아기 아이들에게 생각할 수 있는 기회를 주고 그 생

독후활동

각을 표현할 수 있다는 점에 의미를 두어야 한다.

스캠퍼 기법을 활용하기 어려울 땐, 아이의 생각에 날개를 달아줄 수 있는 발문을 하자. 발문은 질문자가 알고 있는 내용을 질문하고, 답변자가 사고하여 해답을 찾아가게끔 유도한다는 점이 일반 질문과 다르다. 그래서 책을 읽고 난 후, 부모가 아이에게 하는 질문들은 발문이라고 하는 것이 더 적당한 표현일 것이다. 아이에게 하는 발문은 이해하기 쉽도록 명료하게 단순화하여 질문하는 것이 포인트다. 아래는 '괴물들이 사는 나라'(시공주니어) 책을 읽고 창의성 향상을 위한 몇 가지 발문을 예시로 들어본다.

1. 네가 생각하는 괴물은 어떤 모습이니? 그림으로 그려보자
2. 맥스(주인공)가 장난꾸러기일까? 그렇다면 혹은 그렇지 않다면 어떤 모습을 보고 생각했는지 말해보자.
3. 만약 맥스처럼 방에 갇혔다면, 어떤 방법으로 나오면 좋을까?
4. 괴물들에게 재미있는 이름을 붙여주고, 어떤 성격을 갖고 있는지 상상해 보자.
5. 맥스가 왜 왕을 그만두었는지 알려줄 수 있니?
6. 맥스가 계속 괴물들이 사는 나라에 산다면 어떤 일이 벌어질까?
7. 괴물들이 사는 나라 대신에 어떤 나라가 있으면 좋을 것 같아?

발문이 중요하다고 해서 아이에게 읽어주는 모든 책에 대하여 질문을 할 필요는 없다. 아이마다 때로는 계속되는 질문을 힘들어 할 수도 있고, 질문에 어떻게 표현을 할지 몰라 부담을 느낄 수도 있기 때문이다. 이런 발문을 하는 경우에는 아이가 좋아하여 여러 번 읽

은 책을 선택하면 자신 있게 생각을 표현하는 아이의 모습을 볼 수 있을 것이다. 책을 끝까지 한 번 다 훑어보고, 다시 읽어보면서 그 장면에 맞는 질문을 하는 것이 더 효과적이다. 읽으면서 장면마다 질문하면 이야기를 다르게 이해할 수 있기 때문이다.

과정	활용 방법	예시(괴물들이 사는 나라, 모리스샌닥(시공주니어))
1단계	• 책 내용에 대한 사실적인 질문하기	• 등장인물은 누구일까? • 꼬마 곰은 할머니에게 어떤 선물을 보냈지? • 할머니는 어떤 선물을 꼬마 곰에게 보냈지?
2단계	• 원인과 결과를 분석하기 • 일이 일어난 순서를 생각할 수 있는 질문하기	• 꼬마 곰이 만난 친구를 순서대로 이야기해보자 • 꼬마 곰이 가장 큰 환영을 받은 이유는 무엇일까? • 일이 일어난 순서대로 줄거리를 말해보자
3단계	• 나의 생각 말하기	• 내가 주인공이라면 어떤 선물을 보냈을까? • 할머니의 선물을 전해주는 친구들은 어떤 마음일까? • 책을 읽고 난 후, 느낀 점은?

사고력 키우기

책을 읽으면 사고력을 자연스럽게 키울 수 있다고 흔히 말한다. 왜 그런 걸까? 사고력은 생각하는 힘을 의미하는데, 책도 마찬가지로 단순히 글자를 읽는 것이 아니라 생각을 하면서 읽기 때문이다. 책을 많이 읽는다는 것은 그만큼 많은 생각을 했다는 것과 다름이 없다. 물론 아이들은 놀이를 할 때도 생각

'꼬마 곰에게 뽀뽀를' 표지

을 한다. 사고력은 읽기와 활동을 병행했을 때 효과가 커진다. 경험한 내용을 책에서 보았을 때, 또는 책에서 본 내용을 경험했을 때 생각의 그릇이 커진다고 볼 수 있다. 그렇다면 부모들은 책을 읽어주고 난 다음에 어떤 활동을 해봐야 할지 고민해야 한다.

사고력을 키우기 위한 3단계 독서 방법을 '꼬마 곰에게 뽀뽀를'(비룡소) 책을 활용한 독후활동을 알아보자. 다음은 첫째 딸이 한글 쓰기가 자유로워진 다음에 위의 예시 지문으로 활동한 것이다. 누군가에게 보여주기 위한 것이 아니라 나와 내 아이가 자유롭게 생각을 표현하고 소통하는 것이 중요하다.

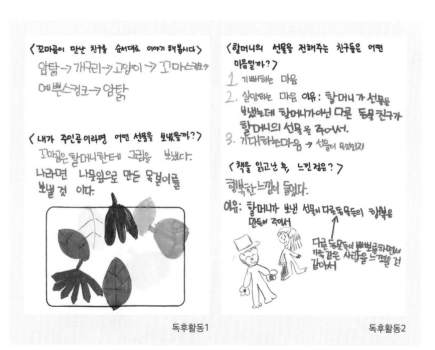

독후활동1 독후활동2

아이가 글을 쓸 수 있을 때에는 아이가 쓰게 하되, 글쓰기가 아직 안 되거나 쓸 수 있더라도 문장 쓰기를 어려워할 때는 아이가 이야기하는 것을 부모가 정리해도 된다. 유아는 자신의 생각을 글로 쓰는 시기가 아니라 말로 표현하는 시기라는 것을 기억하길 바란다. 많은 부모들이 독후활동이라고 하면 학습적으로 다가가기도 하는데, 중요한 것은 무엇을 알게 되었느냐보다는 책을 읽고 난 후의 생각과 느낌이다. 이 또한 아이가 말로 표현하기 어려워한다면, 어떻게 해야 할지 모르거나 내향적인 성격이라 어색해하는 것일 수도 있다. 그럴 때는 부모가 먼저 예시를 보여주는 것도 좋은 방법이고, 아이의 관심사에 맞는 책을 선정한다면 대부분 해결되는 문제다.

단, 부모가 주의해야 할 것은 정답을 요구하는 태도다. 단순한 사실에 대한 질문을 할 때, 아이가 대답을 잘 못하면 기본적인 것도 모른다고 혼내는 부모님들이 생각보다 많다. 이렇게 정성스럽게 읽어주었는데, 제대로 듣지 않는 태도가 마음에 들지 않는다는 이유다. 무턱대고 혼내기 전에 이것이 태도의 문제인지 책 선정의 문제인지 따져보자. 열린 마음으로 열린 질문을 하고, 아이의 대답에 열린 태도를 가지고 있을 때 비로소 아이의 사고력이 커진다.

앞서 독서 방법과 독후활동 예시를 보고 "한 번 해봐야지!"라는 의지가 생기는가? 아니면 뭐가 이렇게 복잡하고 해야 할 질문도 많은 걸까라고 불평이 나오는가? 이는 부모의 정신적 여유에 따라 달라진다. 아이를 위해 하루에 30분을 책 읽어주는 시간으로 정했다 하더라도 부모의 마음에 따라 책을 제대로 읽어줄 수도, 대충 읽어줄 수도 있다. 제안하고 싶은 것은 이렇게 다양한 방법이 있지만, 자신이 하기 어렵다는 생각이 든다면 책 1권을 읽어줄 때마다 1개의 발문 또는 1개의 활동을 해보면 어떨까? 적어도 책만 읽는 것보다는 생각과 감동의 깊이에 차이가 있을 것이라 생각된다.

맞벌이라 아이에게 책을 읽어줄 시간이 없거나, 독후활동에 어려움을 느낀다면 독서 프로그램들을 활용해도 좋다. 각종 학습지 회사(구몬, 눈높이, 웅진, 장원, 대교, 교원 등)의 독서 프로그램은 일주일에 한 번 선생님이 방문하여 책을 읽어주고, 교재에 따라 간단한 활동이 포함되어 있다.

아예 책을 읽지 않는 것보다는 짧은 시간이지만, 일주일에 한 권이라도 선생님과 책을 읽으면 적어도 그 주에는 읽었던 책을 보는 경향이 있기 때문이다. 또는 책을 가지고 엄마와 활동하길 원한다면 비룡소 북클럽인 '비버북' 같은 프로그램을 이용하면 매월 4권의 책

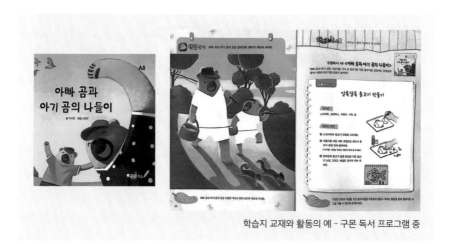

학습지 교재와 활동의 예 - 구몬 독서 프로그램 중

과 활동지가 제공되기 때문에 수월하게 독후활동을 진행할 수 있다. 그 외에도 교원 솔루토이 시리즈나 꼬네상스 전래, 명작, 빅키즈 수학, 꼬꼬마 한글이 등 전집 중에는 부록으로 활동지가 제공되는 것이 있으니 책을 읽고 가벼운 활동을 한 가지 정도 해보자. 아이들도 책을 읽는 또 다른 재미가 생길 수 있고, 무엇보다 활동을 하면서 책의 내용을 한 번 더 상기시킬 수 있어서 기억에 오래 남는다는 장점이 있다.

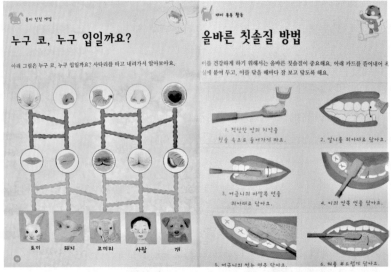

전집 부록 활동지 예시 '솔루토이 과학' 중

Q 책을 읽어주는데, 아이가 제대로 이해하고 있는 것인지 잘 모르겠어요. 아이의 생각이나 느낌을 물어보면 "몰라요"라고 말을 많이 합니다. 어떻게 해야 할까요?

A 부모의 입장에서는 아이가 책을 제대로 이해하는지 궁금한 것은 당연한 일입니다. 하지만 생각이나 느낌은 성인에게 질문해도 선뜻 답하기 어렵습니다. 생각하지 않았던 질문일 수도 있기 때문에 시간이 필요합니다. 아이에게 책을 읽어주기 전에 "책을 읽고 난 다음 이 책에서 가장 마음에 드는 그림을 알려줘"라고 했을 때와 미리 질문을 주지 않고, 책을 읽어주자마자 책에서 가장 마음에 드는 그림을 알려달라고 했을 때 어떻게 다를까요? 답은 우리 모두가 알고 있습니다. 질문에 대해 생각을 하고 책을 보는 것과 그냥 책을 보는 것은 다릅니다. 그래서 책을 읽어주기 전에 이 책 내용에서 소개한 '독서 전 활동'을 해본다면 아이가 생각과 느낌을 자연스럽게 표현하는 데 도움을 줄 것입니다.

아이가 "몰라요"라고 대답하는 이유에는 크게 두 가지가 있습니다. 하나는 내용이 이해가 잘 가지 않아서 어떻게 말을 해야 할지 잘 몰라서 모른다고 하는 경우가 있고, 하나는 알고는 있지만 말하는 것을 즐기지 않거나 현재 다른 활동에 관심이 있는데 부모가 물어보니 대답하기 귀찮아서 그냥 모른다고 하는 경우가 있습니다. 책 내용이 어려운 것인지 지금 부모와 하는 활동이 하기 싫은 것인지 아이에게 물어보는 것이 좋습니다. 또한 내용이 어렵다고 판단되면, 수준을 낮추는 것도 필요합니다. 아이들의 듣는 수준은 읽기 능력에 비해 앞서 있으며, 읽기 능력은 말하고 쓰는 능력에 비해 앞서 있습니다. 즉, 아이들의 생각과 느낌을 물어보고 싶다면 아이 눈높이에 맞는 책이거나 조금 더 쉬운 수준의 책을 읽었을 때 질문하는 것을 권장합니다. 자신 있게 생각과 느낌을 이야기하는 모습을 볼 수 있게 될 것입니다.

5장

효과적인
한글 교육 방법과
읽기 독립

아이 성향과 시기에 따른 한글 교육법

첫째를 키울 때만 하더라도 기저귀도 빨리, 한글도 빨리 떼는 것이 유행처럼 번지고 있었다. 두 돌이 지나면 자연스럽게 한글을 가르치는 분위기였다. 나도 한글 교재와 교구를 구입하여 아이에게 엄마표로 한글을 가르쳐주고 있었는데, 첫째의 친한 친구가 30개월에 한글을 읽는 모습을 보니 조급한 마음이 생겼었다. 나도 그 아이 엄마처럼 같은 교재와 교구를 활용했고 놀이 시간도 비슷한 것 같은데 왜 내 아이는 안 될까 하는 생각에 마음이 답답한 적이 있었다. 한글은 아이가 관심 있을 때 시작하는 것이 가장 중요하다는 것을 알지만, 그래도 빨리 한글을 배웠으면 하는 마음이 컸다. 내가 해준 방법은 꾸준히 책을 읽어주고, 아이 성향을 파악하는 일이었다. 그런 다음 한글 놀이 교육을 한 결과 5세 중반(46개월)이 되어서 받침까지 완전하게 한글을 읽게 되었고, 그로부터 5개월 후인 5세 후반(51개월)에는 읽기 독립을 할 수 있었다. 6세부터는 음독 훈련으로 아이가 스스로 자연스럽게 책 읽는 연습을 하게 되었다.

요즘 유아 부모들은 미니멀과 슬로우에 조금은 익숙한 패턴을 갖고 있는 것 같다. 첫째 때 비해서 덜 조급해하는 모습들이 보인다. 기저귀도 천천히, 한글도 천천히 교육하겠다는 부모들이 늘고 있다. 물론 그렇지 않고, 빛의 속도로 열심히 하는 부모들도 여전히 많기는 하다. 하지만 한 가지만 기억하자. 아이가 관심을 보일 때 귀찮다고 나중으로 미루는 일은 없어야 한다. 특히 한글은 배우고자 하는 욕구가 있을 때 6개월 정도 기간을 두고 열심히 가르쳐보길 바란다. 부모가 직접 가르친다면 아이가 학습을 원할 때 언제든지 가르쳐줄 수 있으며, 아이 속도에 맞추어 학습 진도를 나갈 수 있다. 큰 장점은 내 아이는 부모가 가장 잘 알고 있기 때문에 한글을 배우는 과정에서 어려워하는 부분은 조금 더 반복해서 알려주고, 재미를 줄 수 있는 방법을 찾으려고 노력한다는 것이다. 따라서 아이 발달에 맞춰서 적절한 한글 학습을 제공해줄 수 있다.

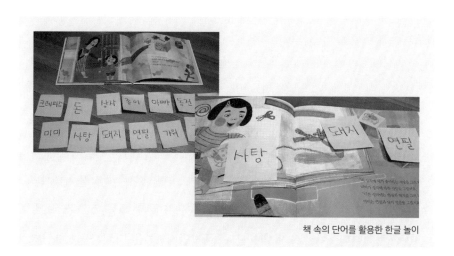

책 속의 단어를 활용한 한글 놀이

2015 교육 개정으로 2017년부터 초등1학년 교과서가 개편되었다. 이전 교과에 비해 한글 시수가 늘었다는 것이 특징이다. 그렇다고 한글을 모르고 학교에 입학하는 아이들은 거의 없다. 아이러니하게도 1학년 1학기 국어 시간에 한글을 배우지만, 한글을 모르면 다른 과목 수업을 따라가기에 버겁게 느껴질 것이다. 아이를 위해서 학교 입학 전까지 받침은 제대로 쓰지 못하더라도, 읽을 수 있을 정도의 수준으로 가르쳐야 한다. 학교 교육도 교육이지만, 한글을 늦게 배우게 되면 가장 손해 보는 과목은 수학이다. 문장제, 서술형으로 바뀐 수학 문제는 한글을 일찍 익혀 읽기가 수월한 아이들에게 유리할 수밖에 없는 구조다. 수학 문제는 문제 속에 답이 있다고 할 정도로 문제에 대한 이해가 중요하다. 6세에는 읽기가 7세에는 쓰기가 되도록 한글 교육의 목표를 정하자. 아이가 원하고 가능하다면 더 일찍 진행해도 좋다. 적어도 아이의 한글 교육 적기는 놓치지 않았으면 한다.

아이 성향에 따라 달라지는 한글 교육법

그림을 보고, 그리기를 좋아하는 아이

어릴 때부터 스스로 그림책을 꺼내어 그림을 보며 책장을 넘기는 아이들이 있다. 이 아이들은 부모가 읽어주지 않은 책들도 그림을 보며 즐거워한다. 이야기의 내용은 모르지만, 그림을 넘겨가면서 나만의 이야기로 상황을 묘사하여 머릿속으로 그려보는 활동을 한다. 이미지로 상상하는 힘이 큰 아이들이며, 그림과 색에 관심이 많아서 스스로 그림을 그리는 활동도 곧잘 한다. 구연동화를 들으면 읽어주는 속도와 자신이 그림을 읽는 속도가 달라서 음원으로 이야기 듣는 것을 싫어하는 아이들도 있다. 오히려 부모가 그림책을 읽어주면 각 장면마다 아이가 그림을 보는 속도에 맞출 수 있으니 읽어주는 것이 바람직하다. 이 아이들은 글자를 이미지화하는 힘이 있다. 그래서 처음에 한글을 통글자로 그림처럼 접하면 도움이 된다. 한글을 가르치기 전에 먼저 사물을 인지하고 있어야 한다. 냉장고 그림을 보면 냉장고라고 말할 줄 알아야 한다는 말이다. 어느 정도 인지 능력이 있다고 판단이 되면 플래시 카드를 이용하여 이미지 학습을 하면 도움이 된다. 통글자로 익힐 때 비슷한 단어 군끼리 분류하여 익히고, 어느 정도 통글자를 알게 되면 앞 글자가 같은 것끼리 모아서 읽게 한다. 낱글자를 익힐 때에는 자석 낱말을 이용하면 도움이 된다.

① 플래시 카드를 분류한다. ➡ 가전제품은 가전제품 이름끼리, 동물은 동물끼리, 곤충은 곤충끼리 분류

② 1주에 걸쳐 매일 같은 분류 기준을 갖는 생물이나 사물의 카드를 보여주고 읽어준다.

③ 아이가 스스로 그림을 보고 명칭을 읽도록 한다.

④ 플래시 카드를 글과 그림을 분리하여 자르고, 그림과 글을 읽어주면서 맞추는 놀이를 한다.

⑤ 플래시 카드 뒷면의 글자만 읽고 따라 하게 한다.

⑥ 뒷면 글자 옆에 연상되는 그림을 그려 넣는다.

⑦ 글자를 아이가 읽도록 한다. 읽고 나서 뒤에 있는 그림으로 바로 확인하게 한다.

⑧ 익숙해져서 통글자를 다 읽게 되었다면, 플래시 카드 뒷면 글자를 낱글자 단위로 자른다. 바나나는 바 / 나 / 나 로 각각의 글자 단위로 자른다.

⑨ 자른 낱글자를 이용하여 단어 만들기 놀이를 한다.

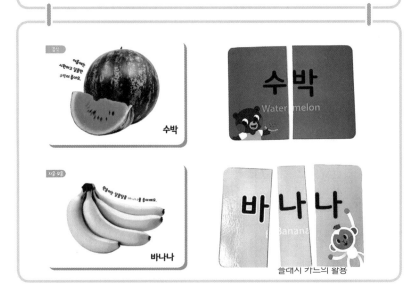

플래시 카드의 활용

이야기 듣기를 좋아하는 아이

책에 있는 그림을 보는 것보다 이야기 듣는 것을 더 선호하는 아이들이 있다. 책을 읽어주는 것을 좋아하고, 구연동화 음원도 잘 듣는 편이다. 이야기를 들으면서 머릿속으로 재구성을 하는 활동을 좋아한다. 여기에 속하는 아이들은 대체적으로 이미지 연상법이 잘 맞지 않아서 통글자 학습으로 일찍 한글을 접한다고 하더라도 늦게 한글을 깨우칠 수 있다. 대체로 한글을 6세 이후에 읽는 아이들이 여기에 속하는 경우가 많다. 별도로 한글을 가르치지 않았는데도 어느새 우르르 한글을 읽는 아이들도 있다. 아이가 글자를 읽고 싶어 할 때가 적기이기 때문에 "이 글자 뭐라고 읽어요?"라고 말을 하기 시작한다면 서둘러 한글 교육을 진행해도 좋다. 아이들은 이야기를 좋아하기 때문에 플래시 카드를 중심으로 하기보다는 짧은 이야기책을 활용하는 것도 좋은 방법이다.

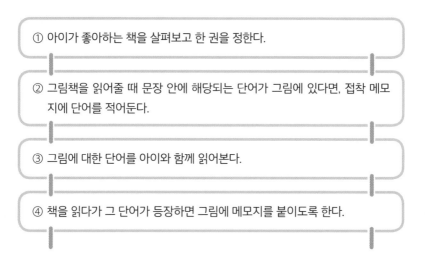

① 아이가 좋아하는 책을 살펴보고 한 권을 정한다.

② 그림책을 읽어줄 때 문장 안에 해당되는 단어가 그림에 있다면, 접착 메모지에 단어를 적어둔다.

③ 그림에 대한 단어를 아이와 함께 읽어본다.

④ 책을 읽다가 그 단어가 등장하면 그림에 메모지를 붙이도록 한다.

⑤ 처음에는 한 단어로 시작했다가, 점차 단어의 수를 늘려간다.

⑥ 함께 책을 읽는 활동하기 - 부모가 읽어주되 아이가 알게 된 단어가 문장 속에 나온다면 아이가 읽게 한다. ➡ 아이가 '나비'라는 글자를 알게 된 경우 '나비가 훨훨 날아갑니다'라는 문장이 있으면 아이가 '나비'를 읽고 부모는 '가 훨훨 날아갑니다'를 읽는다.

⑦ 알게 되는 단어가 많아지면 책 한 권을 아이 스스로 읽을 수 있게 된다.

활동적인 놀이를 좋아하는 아이

공부와는 거리가 멀어 보이는 아이들이 있다. 앉아 있길 싫어하고, 몸으로 노는 것을 좋아하며 책을 읽어줘도 관심이 없고, 책으로 놀아줘도 관심이 없다. 구연동화 음원을 차에서 틀어줘도 크게 관심을 기울이지 않는 아이들이 여기에 속한다. 책이 재미있다는 것을 알려주기 위해서 5세 이상이라도 보드북, 감각책, 조작북, 3D북 등 손으로 움직이고 가지고 놀 수 있는 책을 읽어주고, 글보다는 체험 위주의 학습이 바람직하다. 책을 읽어줄 때는 독후활동 놀이를 통해서 흥미를 유지시켜주는 것이 효과적이다. 오감을 활용한 놀이를 통하여 한글 교육을 접근하고, 필요시 영상 매체도 활용한다.

① 자신의 이름부터 이미지화하여 기억할 수 있게 한다. 다음으로 친구들 이름, 가족의 이름을 알려준다. ➡ 사진과 이름 맞추기 게임을 할 수 있도록 프린트를 해준다.

② 좋아하는 캐릭터, 장난감, 음식을 활용하여 놀이 게임을 한다. ➡ 저녁 메뉴 세 가지를 적어주고, 무엇을 먹고 싶은지 고르게 하여 그 메뉴를 만들어준다. 집에 있는 장난감에 이름을 모두 적어준다. 자동차의 경우, 견출지로 번호판을 만들어 붙여준다. 숫자와 한글을 같이 읽어보는 연습을 한다.

③ 자석 낱말 카드를 이용하여, 보드에 5가지 낱말을 읽는 연습을 한다. 그림 없이 읽었을 때마다 좋아하는 소포장된 간식을 하나씩 얻게 하는 것도 재미를 줄 수 있다.

④ 스스로 읽은 글자가 있을 때에는 칭찬과 격려를 아끼지 않는다.

⑤ '한글이 야호'와 같은 영상 매체를 보여 주었을 때, 반응이 좋은 편이라면 한 편 정도 시청하고 나왔던 단어를 카드를 만들어서 읽어보는 연습을 해봐도 좋다.

⑥ 한글보다 숫자를 좋아하는 아이라면 수를 먼저 익히고, 숫자 1을 '일, 하나' 한글로 바꾸어 읽는 연습을 한다.

⑦ 아이의 관심사를 파악하여 좋아하는 것의 단어를 먼저 파악하게 하는 것도 큰 도움이 된다.(공룡 이름, 동물 이름, 간식 이름, 공주 이름 등)

책 속의 단어를 활용한 한글 놀이

시기에 따라 달라지는 한글 교육법

아이가 한글에 관심이 있는지 없는지 알려면 내 아이를 잘 살펴봐야 한다. 사물을 관찰할 때 색을 먼저 보는지, 형태를 먼저 보는지, 글자를 먼저 보는지 확인해보자. 색을 먼저 보는 아이들에겐 글자의 색을 먼저 볼 수 있도록 해주고, 형태를 먼저 보는 아이들에게는 글자의 모양을 그림을 그려가며 설명해 줘도 좋다. 아이가 "엄마 나도 한글 읽고 싶어요"라고 정확하게 사인을 주는 아이들은 그리 많지 않다. 7세가 되었을 때, 유치원에서 한글을 못 읽는 아이가 나뿐인 걸 알게 되었을 때, 엉엉 울면서 한글을 배우고 싶다고 하는 아이들은 간혹 있긴 하다. 경험상 추천해주고 싶은 방법은 한글 관련 영상 매체를 보여주는 것이다. '한글이 야호2' 영상 한 편을 아이에게 보여주자. 글자에 관심이 있는 아이들은 끝까지 그 영상을 시청할 것이다. 하지만 글자에 전혀 관심이 없는 아이들은 보다가 이내 재미가 없어서, 영상임에도 불구하고 그 자리를 떠나곤 한다. 한글에 관심이 있다는 것을 확인했다면, 이제 본격적으로 한글 교육에 돌입해도 되겠다. 권장하는 시기는 6개월이다. 한글이 그렇게 빨리 되는 교육이냐고 물을지 모르겠다. 관심만 있으면 3개월 안에도 읽는 아이들이 있다. 관심이 없다면 2년 3년이 되어도 글자 하나 제대로 못 읽을 수도 있으니, 우선 아이가 한글에 관심을 보이는 시기를 먼저 파악하길 바란다.

아이가 48개월 전인데 한글에 관심이 있다면, 플래시 카드를 이용한 게임을 해보길 바란다. 플래시 카드 2세트를 준비하고, 처음에는 같은 그림끼리 짝 맞추기 게임을 한다. 이 게임을 잘하게 된다면, 카드를 뒤집어서 글자와 글자끼리 짝 맞추기 게임을 한다. 이 시기에는 글자를 이미지화하여 아는 경우가 많아 우선 같은 글자를 맞출 수 있는지 확인해야 한다. 그 다음에는 같은 글자에 색을 넣어서 따로 프린트를 해준다. 색이 달라도 같은 글자임을 인지하는 과정을 훈련하는 것이다. 이때 아이들에게 힌트를 주기 위해서 글자 위에 그림을 그려도 좋고, 단어가 연상되는 색으로 프린트를 해도 좋다. 이 과정이 잘 이루어지면 그 다음에는 그림과 색깔 글자 짝을 맞추는 게임을 한다. 그리고 그림과 먹글자 짝 맞추기 활동을 한다. 이 과정이 충분히 이루어진 다음, 글자를 보고 따라 써보기까지 과정을 하면 한글을 어느 정도 읽고 어떤 단어들은 따라 그릴 수 있게 된다.

플래시 카드 활용법

48개월 이후의 아이들에게는 플래시 카드보다는 이야기책이나 한글 조합 원리를 바로 알려주는 것도 도움이 된다. 어느 정도 좌뇌를 활용하기 때문에 글의 구조를 가르쳐주는 것도 좋다. 영어에서 파닉스 규칙을 가르쳐주듯이 한글도 마찬가지로 가르쳐준다. '기적의 한글 학습'이라는 교재는 한글의 조합 원리를 과학적으로 설명한 교재이다. 자칫 지루할 수 있으나 이 교재를 중심으로 자석 글자 놀이 교구를 구입하여 하나씩 가르쳐 나가도 좋다.

자석 글자 활용하기

한글 놀자 교구

'한글 놀자'라는 교구는 한글 조합 원리를 이용한 교구로 자석 칠판에 붙여 슬라이드 형식으로 글자를 만들어보기 때문에 즐겁게 한글을 배울 수 있으며, 도장으로 한글의 모음과 자음을 찍어서 글자를 만들어보는 놀이도 있다.

한글 교육 영상을 활용하는 것도 도움이 된다. 가장 대표적인 것이 EBS에서 방영되는 '한글이 야호'다. 그 외에 프뢰벨 읽기, 아이챌린지 호비, 핑크퐁 한글 등이 있다. 필요에 따라 간식처럼 한글에 흥미를 불러일으키는 효과를 볼 수 있다. 하지만 영상 시청이 주식이 되면 곤란하다. 영상 매체 시청만으로 한글을 온전히 배운다는 것은 어려운 일이다. 영상에서 인풋은 될지 모르겠으나 아웃풋으로 연결되는 것이 어렵고, 시청 시간을 잘 조절하지 못하면 한글을 배우게 하려다 자칫 미디어 중독에 빠질 수 있기 때문이다. 언어는 부모와 아이 간의 상호작용으로 배우게 된다. 한글도 마찬가지다. 아이가 보고 들은 것은 표현을 해봐야 한다. 영상에 나온 단어를 접착 메모지에 적어 아이가 잘 놀고 있는 곳에 붙여두고, 부모와 함께 놀 때 의식적으로 먼저 단어를 읽고 난 다음에 사물이나 사진에 직접 붙여보는 놀이를 해도 도움이 된다.

이 시기에는 글을 배우고 쓰는 활동도 동시에 하게 된다. 처음에는 글자를 쓰기보다는 글자를 따라 그리는 형태에 가깝다. 아이가 좋아하는 책을 읽은 다음에 그 책 표지에 투명 필름지를 붙인 다음 유성펜으로 제목과 그림을 따라 그리게 하면 글자 쓰는 것이 어렵게만 느껴지지 않을 것이다. 아직은 글자를 잘 쓰지 못하지만, 이와 같은 활동을 통하여 결과물을 만들면 성취감도 느끼고, 한글에 대한 관심도가 높아질 수 있다.

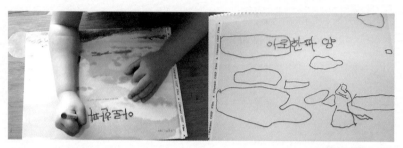

책 표지 따라 그리기

자음과 모음을 조합하여
한글 원리 깨닫기

한글 원리를 가르쳐줄 때에는 매일 배우는 만큼, 가시화하여 보여주는 것이 중요하다. 오늘 배운 단어의 자음과 모음을 아이 스스로 조합하여 적게 하고 읽게 한다.

| 참고 | 전지를 한 장 구입하여 아래와 같이 표를 만들어 벽에 붙여보자.

❶ 자음과 모음 조합하기

	ㄱ	ㄴ	ㄷ	ㄹ	ㅁ	ㅂ	ㅅ	ㅇ	ㅈ	ㅊ	ㅋ	ㅌ	ㅍ	ㅎ
ㅏ	가	나	다	라	마	바	사	아	자	차	카	타	파	하
ㅑ	갸	냐												
ㅓ	거		더											
ㅕ	겨			려										
ㅗ	고				모									
ㅛ	교					뵤								
ㅜ	구				·		수							
ㅠ	규							유						
ㅡ	그								즈					
ㅣ	기									치				

❷ 자음과 모음에 받침 더하기

자음과 모음을 조합해 보는 활동은 한글 받침을 가르쳐줄 때도 효과적이다. 예를 들어 'ㄱ' 받침을 가르쳐줄 때는 아이가 '가나다라…하'와 같이 자음에 첫 번째 모음을 모두 붙인 다음 'ㄱ' 받침, 'ㄴ' 받침을 차례대로 써가면서 읽어보게 한다. 쓰이지 않는 글자도 있기 때문에 읽다 보면 어색해하거나, 발음이 재미있어 웃음을 자아내기도 한다. 이렇게 표를 아이가 채우는 활동은 한글 조합 원리를 받침까지 습득할 수 있고, 완벽하게 한글을 연습할 수 있다는 장점이 있다.

	가	나	다	라	마	바	사	아	자	차	카	타	파	하
ㄱ	각	낙	닥	락	막	박	삭	악	작	착	칵	탁	팍	학
ㄴ	간	난												
ㄷ	갇		닫											
ㄹ	갈			랄										
ㅁ	감				맘									
ㅂ	갑					밥								
ㅅ	갓						삿							
ㅇ	강							앙						
ㅈ	갖								잦					
ㅊ	갗									찾				
ㅋ	갘										캌			
ㅌ	같											탙		
ㅍ	갚												팦	
ㅎ	갛													핳

214

한글 교육 교재와 활용

반드시 한글 교재를 따로 구비해야 하는 것은 아니지만, 한글을 쉽게 익히기 위한 목적을 가진 책들은 조금 더 수월하게 한글을 배울 수 있게 한다. 아래 교재들을 참고로 자신과 아이에게 맞는 교재를 찾아서 활용하면 도움이 될 것이다. 한글 교재를 모두 구입하여 활용한다고 해서 아이가 한글을 일찍 떼는 것은 아니다. 다음 표를 보고 교재 선택과 활용에 참고해보자.

수업 교재

학습지는 집으로 선생님이 와서 한글 교육을 진행해주는 수업이다. 유아의 집중 시간을 고려하여 대부분의 학습지 시간은 15분 정도이나, 프뢰벨이나 몬테소리의 수업은 교재나 교구를 활용해야 하기 때문에 조금 더 긴 편이다. 수업을 선택할 때, 가장 고려해야 할

점은 선생님이다. 물론 각 지역별로 선생님이 배정되어 있기 때문에 변경은 거의 어렵다고 본다. 처음 수업을 시작하기 전에, 담당 선생님의 샘플 수업을 받아보는 것도 좋은 방법이다. 유아 수업에서 가장 중요한 것은 선생님이다. 그 다음을 커리큘럼으로 봐도 좋겠다.

프뢰벨 읽기	• 48개월 이전에 한글에 관심이 많은 경우 시작해도 좋다. 통글자에 이어 낱글자로 넘어가는 경우, 아이 연령이 어린 경우 힘들어하는 경우가 있으니, 너무 서둘러서 수업 하진 않아도 된다. • 영상과 책, 플래시 카드 등 다양한 교구를 통하여 다양한 매체로 학습이 가능하여 지루하지 않다. 단, 복습 교재가 없기 때문에 매주 배운 내용을 따로 복습을 시켜주면 효과가 좋다.
몬테소리 홈리틀 한글	• 커리큘럼이 세분화되어 있어 한글 학습 기간이 길다. 아이의 역량에 맞춰 진도가 결정되기 때문에 한글에 관심이 있을 때 시작하는 것을 권장한다. • 글쓰기 지도까지 이어지기 때문에 48개월 이후에 해도 도움이 되는 수업이다. 낱말 카드와 맞는 모형 교구가 있어 사물 이름과 모형을 매치하며 쉽게 인지할 수 있도록 도와주는 것이 장점이다.
신기한 한글나라	다른 교재도 마찬가지지만, 선생님 역량이 중요하다. 이 과정은 빠르게 한글을 익히고자 한다면 적합하지 않으며, 사물 인지부터 천천히 다지면서 가는 아이들에게 적합하다.
웅진 한글 깨치기	48개월 이후, 한글을 배우는 아이들에게 효과적인 교재다. 시중 교재의 장점이 복합적으로 들어 있으며, 수업한 교재는 덮어놓지 않고, 아이가 자주 보는 곳에 펼쳐서 붙여 놓는 것도 좋은 방법이다. 지나다니며 배운 단어나 문장을 읽게 한다.

대교 눈높이 한글똑똑	눈높이는 국어로 유명한 학습지다. 7세에 시작하게 된다면, 한글 교재보다는 국어 교재로 하길 추천한다. 한글똑똑 교재는 배우는 단어를 이야기로 연결하여 재미있게 공부할 수 있다.
구몬 한글이 크는 나무	스마트펜을 활용하여 동요를 부르며 단어를 익히는 단계부터 시작하게 된다. 너무 일찍 시작하게 되면 한글도 제대로 모르는 채 진도만 나갈 수 있으니, 한글에 대한 관심이 있을 때 시작해도 늦지 않다.

엄마표 교재

엄마표로 한글을 익히게 하는 것을 가장 추천하지만, 꾸준히 진행하기가 어렵다는 것이 가장 큰 맹점이 아닐까 한다. 내 아이를 가장 잘 아는 부모가 직접 가르칠 때 가장 좋은 점은 매일 진행이 가능하고, 잘 모르는 부분은 더 알려줄 수 있다는 것이다. 시중에 엄마표 교재가 많이 나와 있기 때문에 서점에 직접 가서 선정해도 좋은 방법이 되겠다. 아래 교재들은 한글에 관심이 보일 때, 시작해야 중도에 그만두지 않는다. 학습지 선생님처럼 공부 시간을 일주일에 1회로 정해두고 한글 놀이를 해주자.

한글이 야호2	EBS에서 방영되고 있는 한글이 야호2에 맞추어 워크북 교재가 판매되고 있다. 영상 진도에 맞춰 교재 복습을 하면 효과적이고, 엄마표가 처음이라 어떻게 접근을 해야 할지 모를 때, 이 영상과 교재를 이용하게 되면 한글의 원리를 자연스럽게 습득할 수 있는 장점이 있다.

기탄 한글	A단계부터 엄마와 일주일에 한 교재씩 진행하게 되는데, 꾸준히 진행하는 것이 중요하다. 교재가 타 학습지에 비해 지루한 면은 있지만, 엄마와 함께 한다는 그 자체만으로도 아이에겐 효과적일 수 있다. 단, 기탄 한글 교재 하나로만 공부하기에는 부족할 수 있다.
기적의 한글 학습	한글 조합 원리를 설명하기에 좋은 교재이나, 처음 접할 때에는 다소 재미가 없을 수 있고, 진도도 빠른 편이다. 다른 교재를 먼저 진행하여, 한글을 어느 정도 읽을 수 있을 때 마무리로 한글을 완성하는 단계에 활용하면 좋은 교재이다.

한글 교재 예시 - 기탄 한글 중

한글 관련 전집

아래 전집은 한글을 쉽게 읽기 위한 목적을 가진 책이다. 유아가 익혀야 할 단어들을 이야기에 포함하여 만든 것이 특징이라 간혹 전개가 어색할 때도 있다. 보통 낱말 카드가 들어 있고, 활동지가 있는 전집들도 있기 때문에 부모가 책을 읽어주고 활동을 하다 보면 자연스럽게 한글 단어에 노출되는 효과가 있다. 아이들이 좋아하는 주제로 구성되어 있어서 아이들의 선호도가 높은 편이다.

돌잡이 한글	돌 전후로 많이 구입하는 책으로, 일찍 한글에 관심을 보이는 아이들에게 적합하다. 한글을 읽는다기보다는 인지를 목적으로 하는 책이다. 보드북으로 안전하게 처리되어 있어 유아가 장난감처럼 접하기에도 좋은 책이다.
꼬꼬마 한글이	48개월 이전에 한글에 관심이 있다면, 이 전집이 효과적일 수 있다. 정서적 나이로 보았을 때 그 이후에 보면 다소 쉽거나 유치하게 느껴질 수 있기 때문이다. 체계적으로 한글을 접할 수 있으며, 이야기도 재미있는 편이라 아이들이 좋아하는 전집 중 하나가 될 것이다.
프뢰벨 언어 원리동화	한글 익히기에 가장 최적화된 교재라 생각한다. 큰 활자 크기도 글을 읽는 데 쉬워 보이기 때문에 큰 장점이 된다. 익혀야 할 기본 단어를 넣어서 이야기를 쉽게 만들었다. 단어 몇 가지만 알아도 자신 있게 읽을 수 있는 책이다.
받침 배우는 동화 시리즈	아이가 한글을 읽을 때 유난히 받침을 어려워한다면 이 책을 추천한다. 한글 읽기는 자신감도 중요하다. 받침 없는 글을 잘 읽을 수 있다면 이야기 하나는 거뜬하게 소화할 수 있다. 그 다음에 받침 배우는 동화로 이어서 읽기 연습에 활용해보자.
글뿌리 성장발달 읽기동화	단어를 어느 정도 인지할 수 있다면 이 동화책 전집이 도움이 될 것이다. 생활동화라 이야기가 재미있어서 스스로 읽고 싶은 마음이 들게 한다. 그림마다 단어가 적혀 있기 때문에 단어 읽는 연습을 할 수 있다. 책 뒤편에 추가로 나오는 주요 단어를 익히는 것을 목표로 하면 된다.

📖 03 읽기 독립

읽기 독립을 위하여

읽기 독립은 아이가 부모의 도움 없이 스스로 책 읽기가 가능한 것을 의미한다. 유아 부모들의 꿈이라고 할 수 있는 읽기 독립은 시간이 지나면 자연스럽게 되는 것일까? 아이들마다 스스로 읽기를 하는 시기는 다르지만, 우리가 해야 할 일은 내 아이가 스스로 읽을 수 있을 때까지 도움을 주어야 한다는 것이다. 물론 도움을 주지 않아도 언젠가는 혼자 읽는 날이 온다. 그렇다고 마냥 기다릴 것인가? 가능한 7세에는 읽기 독립이 이루어졌으면 하는 목표를 가지면 좋겠다.

읽기 독립이 수월하게 이루어지려면 부모의 도움이 필요하다. 이제 막 한글을 읽게 된 아이들에게 혼자 글을 읽으라는 것은 굉장히 버거운 일이다. 이제 영어를 읽기 시작한 아이들에게 영어 문장을 한글로 해석하라는 것과 마찬가지다. 읽기 독립은 아이가 단순히 글을 읽을 수 있는 단계를 넘어서 의미를 파악하는 단계로 이어져 읽는 즐거움을 스스로 느낄 수 있을 때, 비로소 완성된다.

읽기 독립을 위한 방법을 몇 가지 제시해본다. 다양한 방법을 시도하여 아이에게 맞게 활용해보자. 부모들에겐 기다릴 줄 아는 여유와 시간이 필요할 뿐이다.

부모	아이
읽기 쉬운 수준의 책을 제공한다.	쉬운 책은 스스로 읽으려고 노력한다.
아이가 좋아하는 분야의 책을 알아본다.	관심 있는 분야의 책은 소리 내어 읽어 본다.
음원이 있는 재미있는 책을 제공한다.	음원을 들으면서 글을 따라 읽는다.
필요시 상장과 같은 보상을 한다.	스스로 100권 읽기에 도전해본다.
글밥과 책 두께에 대한 두려움을 극복하도록 스스로 읽기 어려운 책은 읽어준다.	때로는 부모님과 한 줄씩 번갈아 가면서 읽는 연습을 한다.

읽기 독립을 하기 위해서는 부모와 아이가 함께 노력해야 한다. 어느 한쪽만의 노력이나 의지만으로는 쉽게 이루어지지 않는 것이 읽기 독립이다. 부모는 아이가 혼자 책을 잘 본다고 내버려 두어서는 안 된다. 제대로 의미를 이해하며 읽는 것인지 파악해야 한다. 가장 좋은 방법은 아이 스스로 읽은 책의 내용을 부모에게 이야기로 들려주는 것이다. 내용을 이해해야 다른 사람에게도 설명이 가능하기 때문이다.

아이가 7세라고 해서, 평소에 읽어주던 글밥이 많은 전래 명작을 아이 스스로 잘 이해하며 읽을 것이라고 착각하지 말자. 부모가 이

전에 읽어주었던 책이라면, 기억에 의존하며 내용을 이해하고 있을 수 있다. 7세는 읽기 독립을 하기 적당한 시기다. 한글을 일찍 읽을 수 있다고 하여 바로 읽기 독립을 하게 한다면, 독해보다는 그저 글자 읽는 것에 급급해할 수 있다. 한글은 빨리 익혔다고 할지라도 읽기 독립만큼은 천천히 진행하자. 유아의 책 읽기는 책의 내용만 아는 것에 목적이 있는 것이 아니라 책이라는 도구를 통한 부모와의 교감이라는 숨은 목적도 있기 때문이다.

7세 아이가 읽기 연습을 할 때는 4~5세 때에 보았던 3~4줄 되는 글밥이 적은 만만한 책을 쥐어주자. 쉬운 책 읽기는 자신감을 심어준다. 그러나 너무 쉬운 내용의 창작 그림책은 정서적으로 연령이 낮다 보니, 쉽지만 재미없다는 생각을 할 수 있다. 그래서 읽기 독립에는 책 선정이 중요하다. 쉬운 책을 주되, 아이가 즐겁게 볼 수 있는 책을 제공해야 한다. 글밥은 적지만 생각을 하게 하는 그림책을 준다거나, 쉬운 지식책을 읽게 하는 것도 좋다. 새로운 정보를 제공하는 책들은 글밥이 적어도 배워야 할 것이 있고, 볼 때마다 새로운 내용이 있어서 자극이 되기 때문이다.

쉬운 책은 아이 스스로 읽게 해야 하는 것이 읽기 독립의 첫 걸음이다. 쉬운 책조차 스스로 읽으려고 하지 않는다면, 아직 읽기 독립의 준비가 덜 되었다고 할 수 있다. 한글을 읽을 수는 있는데 쉬운 책을 읽으려 하지 않는다면 부모는 답답할 수밖에 없다. 아이들마다 타고난 성향이라는 것이 있다. 스스로가 완벽하지 않으면 남에게 보이고 싶어 하지 않는 유형의 아이들은 쉽게 음독도 하지 않을 것이며, 쉬운 책조차 부모 앞에서 읽으려 하지 않을 것이다. 이럴 때는 아이가 자신감을 쌓을 수 있는 시간이 필요하다. 그 시간은 아이 스스로 읽게 하는 것이 아니라 부모가 조금 더 읽어주려고 노력해야 한다. 소리와 글을 일치시키는 훈련이 더 필요한 것이다. 또한 음원이 재미있는 이야기책을 주고, 이야기 CD를 들으면서 글을 읽는 연습을 하면 도움이 된다. 글을 소리로 표현하는 것이 익숙하게 만들게 하는 과정이다.

읽기 독립

읽기 독립을 할 때는 아이가 스스로 책을 읽기 시작할 때부터 큰 소리로 읽게 하는 것이 중요하다. 아이의 의견을 너무 존중한 나머지 아이가 내킬 때만 소리 내어 읽게 하면, 자연스럽게 읽는 경험이 부족하여 초등학생이 되어도 음독을 힘들어할 수도 있다. 읽기 연습을 하는 기간만이라도 또는 하루 10문장이라도 큰 소리로 책 읽는 연습을 하게 하자. 다만 유의할 점이 있다면 음독을 강요하지 않는 것이다. 아이들은 익숙한 내용이나 좋아하는 내용에 대해서는 자신 있게 소리 내어 읽지만, 처음 보는 낯선 내용의 책을 바로 소리 내어 읽으라고 한다면 틀리게 읽을까 봐 겁을 먹을 수도 있다.

음독을 자연스럽게 한다는 것은 그 내용을 잘 알고 있다는 것과 일맥상통한다. 책을 읽을 때 눈으로 머릿속에 입력하는 속도가 입으로 소리 내어 출력하는 속도보다는 훨씬 빠르다. 입으로 문장을 읽고 있을 때 눈은 이미 다음 문장을 보고, 읽을 채비를 마치게 된다. 내용을 잘 모르는 글을 음독하려면 쉽지 않은 것이 이 때문이다. 입력 속도가 늦게 되면 출력은 더 늦어지기 때문이다. 잘 알거나 이해를 제대로 한 내용의 입력 속도가 빠를 수밖에 없다. 처음 접하는 내용이나 어휘가 어려운 책들은 부모와 함께 읽는 연습을 하면 도움이 된다. 아이와 문장을 번갈아가면서 읽어보자. 이때 아이가 읽는 것에 어려움을 느끼면 책의 수준을 낮추거나 책 내용을 먼저 설명해주면 된다.

처음 음독을 할 때는 아이가 좋아하는 책부터 선택하여 읽도록 하고, 점차 새로운 책들도 바로 음독해보는 연습을 하도록 하자. 이 과정에서 가장 독이 되는 것은 부모의 지적이다. 반대로 아이가 잘 해냈을 때, 잊지 말고 칭찬을 꼭 해주자. 특히 정확하게 읽었다는 결과보다는 열심히 읽으려고 노력한 태도를 칭찬해준다면, 음독도 수월하게 진행될 수 있을 것이다.

부모의 노력에도 불구하고, 여전히 음독을 거부하는 아이가 있다면 어떻게 해야 할까? 아이들은 자신이 평가받고 있다는 느낌을 받으면 음독을 거부할 수 있다. 부모는 아이에게 기대하는 마음을 들키지 않도록, 느긋하게 기다리는 마음을 갖도록 노력해보자. 생각보다 우리 아이들은 눈치가 빠르다. 그리고 인정받고 싶은 마음이 클수록 실수하는 모습을 부모에게 보이고 싶어 하지 않는다. 부모 앞에서 음독은 하지 않아도 혼자만 있는 공간에서라도 할 수 있도록 몇 가지 방법을 알려주자. 스스로 읽는 충분한 경험이 생겨 자연스럽게 읽을 수 있을 때까지 너무 조바심을 내지 않는 것이 중요하다.

스스로 음독을 연습할 때에는 오른손에 연필을 쥐어준다. 처음엔 줄을 그어가며 읽는 방법이 글을 꼼꼼하게 읽는 연습을 하게 한다. 읽는 것이 익숙해지면, 줄을 긋지 않아도 된다. 읽으면서 어려웠던 부분을 동그라미로 표시하여 질문할 수 있도록 해도 좋다. 전자펜이 있다면 한 문장을 전자펜으로 듣고, 그대로 문장을 따라 읽는 것도 효과적이다. 성우의 정확한 발음과 자연스러운 억양을 습득할 수 있다.

어느 정도 읽기가 수월해지고 있다면, 아이 스스로 100권 읽기에 꼭 도전하게 하자. 이런 미션을 하지 않더라도 100권은 금방 읽게 되겠지만, 아이가 스스로 목표를 정하고 이룬다면 큰 성취감을 느낄 것이다. 아이들에겐 칭찬도 필요하지만, 인정도 필요하다. 목표를 정하고 이루었을 때 그 과정을 격려해준다면 아이는 원동력을 얻어 짜릿하고 좋았던 경험을 다시 하려 할 것이다. 아이가 스스로 100권 읽기에 성공했다면, 어떤 보상보다도 상장을 수여해보자. 상장은 아이에게 또 다른 동기 부여가 된다.

아이의 읽기 독립이 무조건 어렵다고 생각하지 말자. 편안하게 아이의 수준에 맞춰서 함께 책을 읽어나가면 어느새 책을 술술 읽는 아이의 모습을 발견할 것이다. 조금만 더 힘을 내보자.

읽기 독립을 위한 추천 도서

읽기 독립을 하기 위해 적절한 도서를 선택하는 것 또한 중요하다. 책 읽는 재미를 알기 위해서는 누군가 읽어주는 것보다는 스스로 읽어서 깨닫는 즐거운 경험을 해야 한다. 스스로 책을 읽었을 때 가장 큰 장점은 내가 생각하는 속도에 맞춰서 글을 읽어나갈 수 있다는 것이다. 다음 추천 책들은 아이의 관심사에 맞춰서 단계별로 읽었으면 한다. 유아라 하더라도 아이들의 정서적 수준을 고려하여 초등 1~2학년까지도 충분히 즐겁게 볼 수 있도록 도서를 추천하였다. 반드시 유아기에 아래 단계의 책을 모두 읽어야 하는 것은 아니지만 적어도 1, 2단계의 책들은 접할 수 있는 기회를 주었으면 좋겠다.

단계	추천 도서	
1단계	• 시공주니어 네버랜드 과학 그림책, 웅진 바나나 로켓, 한국 몬테소리 글끼말끼	• 알파짱 수학동화 • 아람 요술 항아리, 요술 램프 • 개구쟁이 특공대 시리즈
2단계	• 무지개 EQ의 천재들 • 비룡소 난 책읽기가 좋아 1단계 • 연두비 리더십 학교가자	• 교원 3D 애니메이션 동화 • 통큰 세상 한국대표 순수창작동화 • 길벗 어린이 과학 그림책 시리즈
3단계	• 주니어 김영사 책 먹는 시리즈 • 시공주니어 레벨1 • 프뢰벨 디즈니 자이언트 명작 • 네버랜드 꾸러기 문고 시리즈	• 좋은책 어린이 저학년 문고 시리즈 • 꼬네상스 한국전래동화걸작선 • 사계절 저학년 문고 시리즈

읽기 독립의 완성

읽기 독립을 완성시켜줄 수 있는 가장 강력한 방법은 다독이다. 양보다 질이 우선이라고는 하지만, 이 시기만큼은 읽는 양이 중요하다. 많이 읽다 보면 이해가 되고, 어려운 낱말도 익숙해진다. 유아에게 익숙함이란 앞으로 배워야 할 다양한 분야의 밑거름을 견고하게 다지는 것과 같다. 다독을 통해 배경지식도 넓히고, 독해와 어휘력의 수준도 높일 수 있다. 읽기 독립을 위해서는 다양하고 많은 책을 접하여, 아이의 연령과 정서 수준에 맞는 책들이 쉽게 느껴질 만큼 읽어야 한다.

읽기 독립을 하는 시기에는 읽기 시작한 책은 끝까지 읽으며 완독하는 경험을 쌓아야 한다. 스스로 해내는 작은 성취감을 책에서도 맛봐야 한다. 그래야 책 읽기가 즐거워진다. 조금 어렵고, 힘들더라도 끝까지 읽게 하자. 마지막 장을 읽는 즐거움을 아이도 알아야 한다.

읽기 독립이 되었다면 독서 습관으로 이어주는 징검다리 역할을 하는 것이 틈새 독서다. 틈새 독서는 바쁜 시간을 쪼개어 짬짬이 틈나는 대로 책을 읽는 방법이다. 습관을 기르기 위해 독서 시간을 정해두고 읽거나 하루에 읽어야 할 책의 권수를 정하는 방법도 있지만, 그보다는 여유 시간마다 책을 꺼내어 보게 하자. 어느새 독서가 습관이 된 아이의 모습을 볼 수 있을 것이다. 읽기 독립의 완성은 독서 습관이라는 결실과 만나게 된다.

Q&A

Q 한글은 읽을 줄 아는데도 책을 읽어달라고 합니다. 스스로 읽게 하는 방법이 있을까요?

A 한글을 읽을 줄 알면 부모들은 아이들이 스스로 책을 볼 것 같은 기대감을 갖기 마련입니다. 한글을 언제부터 읽을 수 있게 되었는지 생각해봅니다. 이제 막 읽기 시작했다면 책 내용을 이해하며 보기보다는 글자만 읽는 것이라고 생각하면 됩니다. 글은 읽고 있지만, 무슨 말인지는 파악이 잘 안되는 것이지요. 글을 읽는다는 것은 멀티태스킹의 작업을 요합니다. 글자도 읽어야 하고, 나의 경험에 비춰 생각도 해야 합니다.

한글을 읽을 줄 아는데, 책을 읽어달라고 한다면 '내 아이는 책을 좋아하는 아이구나'라고 생각해야 합니다. 이야기가 재미있어서 책을 읽고는 싶으나 아직 읽는 속도가 생각하는 속도를 잘 따라가지 못하기 때문에 부모에게 읽어달라고 하는 것입니다. 이야기 내용이 궁금하다 보니 한글을 빨리 읽지 못하는 자신이 답답하게 느껴질 수도 있습니다. 부모는 아이가 요구할 때까지는 책을 읽어주었으면 좋겠습니다. 이야기를 듣다 보면 어느새 이해력도 높아지고, 한글도 편안해지는 시기가 옵니다. 스스로 읽게 하고 싶다면, 아이가 원할 때에는 언제든지 책을 읽어주세요. 단, 어려운 어휘가 있는 책들은 부모가 읽어주고, 쉬운 책은 아이가 음독하여 읽도록 칭찬과 격려를 통해 자신감을 키워주세요.

추천도서 목록

• 1~2세 추천도서 목록 •

	제목	저자	출판사
1	고미타로 아기 놀이책 세트	고미 타로	문학동네
2	왜냐면...	안녕 달	책 읽는 곰
3	구두구두 걸어라	하야시 아키코	한림출판사
4	아가야 밥먹자	여정은	길벗어린이
5	나랑 친구할래?	최숙희	웅진 주니어
6	기차가 칙칙폭폭	뻬뜨르 호라체크	시공주니어
7	꿈꾸는 우리 아기	아델 에너센	다산기획
8	기분을 말해 봐!	앤서니 브라운	웅진 주니어
9	입이 큰 개구리	키스 포크너	미세기
10	난 할 수 있어요 시리즈	헬렌 옥슨베리	비룡소
11	벌은 무슨 일을 해요	케이티 데니이스	어스본 코리아
12	냠냠냠 쪽쪽쪽	문승연	길벗어린이
13	너를 사랑해	엠마 도드	키즈엠
14	누구야?	정순희	창비
15	달님 안녕	하야시 아키코	한림출판사
16	안 돼, 데이빗!	데이빗 섀논	지경사
17	뒹굴뒹굴 짝짝	백연희	길벗어린이
18	말놀이 계단 그림책 시리즈	신혜영	문학동네
19	기차 ㄱㄴㄷ	박은영	비룡소
20	모두 달아났네...	기시다 에리코	사계절
21	감자가 만났어	수초이	후즈갓마이테일
22	무엇이 있을까요?	멜라니 월시	시공주니어
23	뭐하니?	유문조	길벗어린이
24	배꼽손	나은희	한울림
25	난 책이 좋아요	앤서니 브라운	웅진 주니어

	제목	저자	출판사
26	빨간 풍선의 모험	엘라 마리	시공주니어
27	사과가 쿵!	다다 히로시	보림
28	사과야, 빨리 익어라	기시다 에리코	사계절
29	빠이빠이 기저귀	레슬리 패트리샐리	보물창고
30	손이 나왔네	하야시 아키코	한림출판사
31	싹싹싹	하야시 아키코	한림출판사
32	어디 숨었니?	나자윤	비룡소
33	아기 몸놀이 그림책 시리즈	호박별	시공주니어
34	아기놀이책 시리즈	기무라 유이치	웅진주니어
35	너는 누구니	키스 포스너	미세기
36	아장아장 아기 산책	한태희	키다리
37	내 똥 예쁘죠?	나주희	블루래빗
38	병아리	소야 키요시	한림 출판사
39	오뚝이는 내 친구	조숙경	키다리
40	1부터 10까지	척 머피	비룡소
41	유모차 나들이	미셸 게	비룡소
42	이렇게 달라졌어요	멜라니 월시	시공주니어
43	자장자장 엄마 품에	임동권	한림출판사
44	쪽!	정호선	창비
45	잘잘잘 123	이억배	사계절
46	안녕 내 친구	로드 캠벨	보림
47	키다리 아기동요 보드북 시리즈		키다리
48	타세요 타세요	홍진숙	여우고개
49	태어나 줘서 고마워	니시모토 요우	아이세움
50	내 이불이야	한은영	책 읽는 곰

	제목	저자	출판사
1	고맙습니다	박정선	한울림 어린이
2	수박 수영장	안녕 달	창비
3	금붕어가 달아나네	고미타로	한림 출판사
4	기계들은 무슨일을 하지?	바이런 바튼	비룡소
5	깜장 콩벌레	김미혜	비룡소
6	꼬리야?꼬리야!	강혜숙	상출판사
7	꼬마 마법사 수리수리	채인선	시공주니어
8	꾸러기 곰돌이 시리즈	남미영	세상모든책
9	하양이는 친구가 많아요	하위도 판 헤네흐턴	한울림 어린이
10	나의 크레용	죠 신타	보림
11	난 자동차가 참 좋아	마거릿 와이즈 브라운	비룡소
12	반대말	최정선	보림
13	내가 정말?	최숙희	웅진주니어
14	노란 풍선	사카이 고마코	웅진주니어
15	다 내 거야!	정지혜	비룡소
16	똥이 풍덩!	알로나 프랑켈	비룡소
17	모두 모여 냠냠냠	이미애	보림
18	발바닥이 간질간질	한은영	책읽는곰
19	보아요 시리즈	안나 클라라 티돌름	사계절
20	아기 그림 사전	채인선	초록아이
21	사랑해 사랑해 사랑해	버나뎃 로제티 슈스탁	보물창고
22	세밀화로 그린 보리 아기그림책 시리즈	보리	보리
23	속상해	오드레이 푸시에	바람의 아이들
24	스스로 닦을 수 있니?	후카미 하루오	길벗어린이
25	아가야 울지마	오호선	길빗어린이

	제목	저자	출판사
26	아기 오리는 어디로 갔을까요	낸시 태퍼리	비룡소
27	아기의 행복한 하루	김별	큰북작은북
28	아빠가 지켜줄게	이혜영	비룡소
29	난 토마토 절대 안 먹어	로렌 차일드	국민서관
30	악어도 깜짝, 치과 의사도 깜짝	고미 타로	비룡소
31	손 손 내손은	빌 마틴 주니어	열린 어린이
32	안아 줘!	제즈 앨버로우	웅진주니어
33	야옹이가 제일 좋아하는 색깔은?	제인 커브레라	보림
34	심심해서 그랬어	윤구병	보리
35	엄마, 자?	소피 블래콜	은나팔
36	엄마랑 뽀뽀	김동수	보림
37	엄마를 잠깐 잃어버렸어요	크리스 호튼	보림
38	멍멍 의사 선생님	베빗 콜	보림
39	너처럼 나도	장바티스트 델 아모	문학동네
40	작은 물고기	문종훈	한림 출판사
41	잘 자요 달님	마거릿 와이즈 브라운	시공주니어
42	창비 아기책 시리즈	정순희 외	창비
43	찾았다!	문승연	길벗어린이
44	초록 뱀이 꾸울꺽!	이유진	느림보
45	아빠와 토요일	최혜진	한림 출판사
46	트럭	도널드 크루즈	시공주니어
47	맛있어 보이는 백곰	시바타 게이코	길벗스쿨
48	한글이 된 친구들	이호백	재미마주
49	할머니랑 나랑 닮았대요	정미라	비룡소
50	엄마는 언제 날 사랑해?	아스트리드 데보르드	토토북

• 4~6세 추천도서 목록 •

	제목	저자	출판사
1	11마리 고양이	바바 노부루	꿈소담이
2	개구리의 낮잠	미야니시 타츠야	시공주니어
3	속도와 거리는 하나도 중요하지 않아	마달레나 마토소	그림책공작소
4	거미가 줄을 타고 올라갑니다	조미자	시공주니어
5	거인 아저씨 배꼽은 귤 배꼽이래요	후카미 하루오	한림출판사
6	고릴라 아저씨네 빵집	시라이 미카코	한림출판사
7	고양순	심미아	보림
8	곰 사냥을 떠나자	마이클 로젠	시공주니어
9	곱슬곱슬 머리띠	이현영	사계절
10	괜찮아	최숙희	웅진주니어
11	그건 내 조끼야	나까에 요시오	비룡소
12	깊은 밤 부엌에서	모리스 샌닥	시공주니어
13	까마귀가 친구하자 한다고?	박규빈	책과콩나무
14	까만 크레파스	나카야 미와	웅진주니어
15	까치 아빠	김장성	한림출판사
16	당나귀 실베스터와 요술 조약돌	윌리엄 스타이그	다산기획
17	오소리네 집 꽃밭	권정생	길벗어린이
18	나랑만 놀아	이윤진	책먹는아이
19	난 드레스 입을 거야	크리스틴 나우만 빌맹	비룡소
20	난 병이 난 게 아니야	카도노 에이코	한림출판사
21	난난난	영민	국민서관
22	내 동생은 고릴라 입니다	방정화	미세기
23	내 토끼 어딨어	모 윌렘스	살림어린이
24	내동생 김정박	김정선	예림당
25	냄새차가 나가신다!	케이트 맥뮐란	아이세움

	제목	저자	출판사
26	네 등에 집 지어도 되니?	장선환	비룡소
27	노래하는 병	안은영	사계절
28	노래하는 볼돼지	김영진	길벗어린이
29	누가 내 머리에 똥 쌌어?	베르너 홀츠바르트	사계절
30	누구 그림자일까?	최숙희	보림
31	누구지?	이범재	계수나무
32	다음엔 너야	에른스트 얀들	비룡소
33	더 놀고 싶은데	채인선	한울림어린이
34	도깨비를 빨아버린 우리 엄마	사토와키코	한림출판사
35	도대체 그동안 무슨 일이 일어났을까	이호백	재미마주
36	옛날에 생쥐 한 마리가 있었는데	마샤 브라운	열린어린이
37	똑똑한 그림책 직업놀이	신지윤	뜨인돌어린이
38	똑똑해지는 약	마크서머셋	북극곰
39	레모네이드가 좋아요	마크서머셋	북극곰
40	로봇 친구	한태희	웅진주니어
41	마법사 유치원 선생님	고정욱	크래들
42	메리 크리스마스 늑대 아저씨	미야니시 타츠야	시공주니어
43	멜론 먹고 싶어	전해숙	책과콩나무
44	무시무시한 공룡 이빨 나게 해 줄까?	김주이	노란돼지
45	무시무시한 그루팔로	쥴리아 도널드슨	주니어 RHK
46	무엇이 무엇이 똑같을까	이미애	보림
47	무지개 눈물	강성은	황제펭귄
48	바바빠빠	아네트 티종	시공주니어
49	병원에 입원한 내 동생	쓰쓰이 요리코	한림출판사
50	북극곰에게 냉장고를 보내야겠어	김현태	휴먼어린이

	제목	저자	출판사
51	빨간 끈으로 머리를 묶은 사자	남주현	길벗어린이
52	뿌지직, 우주 똥꼬 전쟁	안영은	노란돼지
53	세 강도	토미 웅게러	시공주니어
54	순이와 어린 동생	쓰쓰이 요리코	한림출판사
55	쉿! 엄마 깨우지마	에일린 크리스텔로우	사계절
56	야, 비 온다	이상교	보림
57	아무도 듣지 않는 바이올린	캐시 스틴슨	책과콩나무
58	아빠 더 읽어 주세요	데이비드 에즈라 스테인	시공주니어
59	아빠 머리 묶어 주세요	유진희	한울림어린이
60	아빠가 감기 걸린 날	허윤	책먹는아이
61	아빠는 어디쯤 왔을까	고우리	문학동네어린이
62	우리 가족입니다	이혜란	보림
63	악어 오리 구지구지	천즈위엔	예림당
64	앗! 따끔!	국지승	시공주니어
65	앞니가 흔들린다	유하	키즈엠
66	앵무새 열마리	퀸틴 블레이크	시공주니어
67	어떤 목욕탕이 좋아	스즈키 노리타케	노란우산
68	엄마를 찾아 주세요/ 한별이를 찾아 주세요	호박별	시공주니어
69	예방주사 무섭지 않아	후카미 하루오	한림출판사
70	오늘은 무슨 날	테이지 세타	한림출판사
71	요렇게 해봐요	김시영	마루벌
72	우리 아빠가 좋은 10가지 이유	최재숙	아이세움
73	우리 엄마가 좋은 10가지 이유	최재숙	아이세움
74	우리 엄마	앤서니 브라운	웅진주니어
75	우리 집에는 괴물이 우글우글	홍인순	보림

	제목	저자	출판사
76	우리는 벌거숭이 화가	문승연	천둥거인
77	우리는 친구	앤서니 브라운	웅진주니어
78	우와 신기한 사탕이다	미야니시 타츠야	계수나무
79	울트라 비밀 권법	박보미	한솔수북
80	은지와 푹신이	하야시 아키코	한림출판사
81	장수탕 선녀님	백희나	책읽는곰
82	이슬이의 첫 심부름	쓰쓰이 요리코	한림출판사
83	일이 너무 커졌어요	이재민	노란돼지
84	잠잠깨비	이연실	반달
85	재미있는 내 얼굴	니콜라 스미	보물창고
86	정말 정말 한심한 괴물, 레오나르도	모 윌렘스	웅진주니어
87	진짜 코 파는 이야기	이갑규	책읽는곰
88	짖어봐 조지야	줄스 파이퍼	보림
89	창문으로 넘어온 선물	고미 타로	비룡소
90	크리스마스 파티 칠면조를 부탁해!	나탈리 다르정	맹앤앵
91	콧구멍을 후비면	사이토 타카코	애플비
92	콩닥콩닥 콩닥병	서민정	사계절
93	타보의 수수께끼 편지	윤희정	아르볼
94	태극 1장	윤봉선	여우고개
95	태풍이 온다	미야코시 아키코	베틀북
96	파도야 놀자	이수지	비룡소
97	파리의 휴가	구스티	바람의 아이들
98	펭귄 랄랄라	구신애	반달
99	피터의 의자	에즈러 잭 키츠	시공주니어
100	핑크공주	빅토리아 칸	달리

	제목	저자	출판사
1	100만 번 산 고양이	사노 요코	비룡소
2	강아지똥	권정생	길벗어린이
3	작은 집 이야기	버지니아 리 버튼	시공주니어
4	거짓말	고대영	길벗어린이
5	거짓말 같은 이야기	강경수	시공주니어
6	고 녀석 맛있겠다	미야니시 타츠야	달리
7	고릴라	앤서니 브라운	비룡소
8	고함쟁이 엄마	유타 바우어	비룡소
9	공룡이 공짜!	엘리스 브로우치	주니어 김영사
10	괴물들이 사는 나라	모리스 샌닥	시공주니어
11	구름빵	백희나	한솔수북
12	나의 영웅, 대디맨	미야니시 타츠야	달리
13	난 형이니까	후쿠다 이와오	아이세움
14	난쟁이 할아버지의 집짓기	아오야마 쿠니히코	사파리
15	날마다 꿈꾸는 천재 고양이 부츠	기타무라 사토시	베틀북
16	눈물바다	서현	사계절
17	달 샤베트	백희나	책읽는곰
18	입학을 축하합니다	김경희	책 먹는 아이
19	감자 이웃	김윤이	고래이야기
20	도서관 생쥐	다니엘 커크	푸른날개
21	도서관 아이	채인선	한울림어린이
22	도서관에 간 사자	미셸 누드슨	웅진주니어
23	동갑내기 울 엄마	임사라	나무생각
24	돼지책	앤서니 브라운	웅진주니어
25	두발자전거 배우기	고대영	길벗어린이

	제목	저자	출판사
26	뒤죽박죽 미술관	유주연	책읽는곰
27	딸은 좋다	채인선	한울림어린이
28	똥벼락	김회경	사계절
29	로쿠베, 조금만 기다려	하이타니 겐지로	양철북
30	마법 침대	존 버닝햄	시공주니어
31	마법에 걸린 병	고경숙	재미마주
32	축구치 하람이, 나이쓰!	윤여림	천개의 바람
33	마법의 친절 변신 크림	안영은	책먹는아이
34	개똥아 개똥아	김영미	북 큐레이터
35	만희네 집	권윤덕	길벗어린이
36	망태 할아버지가 온다	박연철	시공주니어
37	먼지깨비	이연실	반달
38	방귀 만세	후쿠다 이와오	아이세움
39	블랙 독	레비 핀폴드	북스토리아이
40	빨간 줄무늬 바지	채인선	보림
41	삐약이 엄마	백희나	책읽는곰
42	산타 할아버지	레이먼드 브릭스	비룡소
43	샌지와 빵집주인	로빈 자네스	비룡소
44	세 엄마 이야기	신혜원	사계절
45	세상에서 가장 맛있는 자장면	이철환	주니어 RHK
46	세상에서 제일 힘 센 수탉	이호백	재미마주
47	손 큰 할머니의 만두 만들기	채인선	재미마주
48	손톱 깨물기	고대영	길벗어린이
49	수박 수영장	안녕달	창비
50	수호의 하얀 말	오츠카 유우조	한림출판사

	제목	저자	출판사
51	슈퍼 거북	유설화	책읽는곰
52	시간 상자	데이비드 위즈너	베틀북
53	아빠는 1등만 했대요	노경실	시공주니어
54	이젠 안녕	마거릿 와일드	책과 콩나무
55	알몸으로 학교 간 날	타이 마르크 르탄	아름다운사람들
56	양배추 소년	초 신타	비룡소
57	어처구니 이야기	박연철	비룡소
58	얼음 땡	강풀	웅진주니어
59	엄마 까투리	권정생	낮은산
60	엄마 마중	이태준	보림
61	엄마가 알을 낳았대	배빗 콜	보림
62	엄마가 화났다	최숙희	책읽는곰
63	엄마는 회사에서 내 생각 해?	김영진	길벗어린이
64	엄마를 화나게 하는 10가지 방법	실비 드 다튀이시윅스	어린이 작가정신
65	아주 바쁜 입	신순재	미래엔아이세움
66	와작와작 꿀꺽 책 먹는 아이	올리버 제퍼스	주니어김영사
67	왜 띄어 써야 돼	박규빈	책과콩나무
68	용돈 주세요	고대영	길벗어린이
69	우당탕탕, 할머니 귀가 커졌어요	엘리자베드 슈티메르트	비룡소
70	우리 할아버지	존 버닝햄	비룡소
71	우체부 아저씨와 비밀편지	앨런 앨버그	미래아이
72	이상한 엄마	백희나	책읽는곰
73	제랄다와 거인	토미 웅거러	비룡소
74	종이 봉지 공주	로버트 먼치	비룡소
75	무릎 딱지	이경혜	한울림어린이

	제목	저자	출판사
76	김밥은 왜 김밥이 되었을까?	채인선	한림출판사
77	지각대장 존	존 버닝햄	비룡소
78	지옥탕	손지희	책읽는곰
79	지하철을 타고서	고대영	길벗어린이
80	진정한 일곱 살	허은미	양철북
81	진짜 영웅	미야니시 타츠야	베틀북
82	집 안 치우기	고대영	길벗어린이
83	쪽매	이가을	한림출판사
84	착한 엄마가 되어라, 얍!	허은미	웅진주니어
85	청룡과 흑룡	정하섭	길벗어린이
86	치과 의사 드소토 선생님	윌리엄 스타이그	비룡소
87	치킨 마스크	우쓰기 미호	책읽는곰
88	커졌다!	서현	사계절
89	터널	앤서니 브라운	논장
90	텔레비전이 고장 났어요	이수영	책읽는곰
91	틀려도 괜찮아	마키타 신지	토토북
92	판다 목욕탕	투페라 투페라	노란우산
93	하늘에서 음식이 내린다면	쥬디 바레트	토토북
94	학교 가는 날: 오늘의 일기	송언	보림
95	할머니가 남긴 선물	마거릿 와일드	시공주니어
96	할아버지의 바닷속 집	히라타 겐야	바다어린이
97	꼴찌라도 괜찮아!	유계영	휴이넘
98	혼나지 않게 해 주세요	구스노키 시게노리	베틀북
99	황소와 도깨비	이상	다림
100	휘리리후 휘리리후	한태희	웅진주니어